The HERB & FLOWER COOKBOOK

PLANT, GROW AND EAT

PIP MCCORMAC

フラワー&ハーブ
CooKBooK

著者 ピップ・マコーマック
Pip McCormac

翻訳 宮田 攝子

Photography by Yuki Sugiura

Editorial director Jane O'Shea
Creative director Helen Lewis
Editor Louise McKeever
Designers Claire Peters, Emily Lapworth, Gemma Hogan
Photographer Yuki Sugiura
Food stylist Alice Hart
Additional prop styling Emily Blunden
Production director Vincent Smith
Production controller Sarah Neesam

First published in 2014 by
Quadrille Publishing Limited
Alhambra House
27–31 Charing Cross Road
London WC2H 0LS
www.quadrille.co.uk

Text © 2014 Pip McCormac
Photography © 2014 Yuki Sugiura
Design and layout © 2014
Quadrille Publishing Limited

The rights of the author have been asserted. All rights reserved. No part of this book may be reproduced, stored in a retrieval system or transmitted in any form or by any means, electronic, electrostatic, magnetic tape, mechanical, photocopying, recording or otherwise, without the prior permission in writing of the publisher.

For Nanna and Grandma, who both loved flowers, though might have been surprised that I'd want to eat them.

注記：

大さじ、小さじの分量は、基本的にはすべて、すりきり。大さじ15㎖、小さじ5㎖。

卵は、基本的には中サイズ。妊娠中の女性や健康上の問題を抱えている人は、生の卵白や半熟卵を使うレシピは避けてください。

柑橘類の皮を使う場合は、ノーワックスのものを選びましょう。

調理時間は、通常のガスオーブンのときの目安です。ファン付きオーブンの場合は、15℃ほど温度を低く設定してください。

本書に使われている写真の植物すべてが食べられるわけではありませんので、くれぐれもご注意ください。植物のタネや苗を買うときは、それらが食べられる品種かどうか、かならず確認してください。たとえばスミレは食べられますが、アフリカスミレ（セントポーリア）は食べられません。

はじめに 7

ハーブ＆エディブルフラワー辞典 8

ブレックファスト 40

スターター＆サイドディッシュ 54

ライトディッシュ 70

メインディッシュ 88

デザート 118

ドリンク 146

Index 158

はじめに

　ハーブとの出会いは、スーパーで買った1鉢のバジルでした。当時学生だったぼくは、普通の人が敬遠しそうな食べ物に挑戦するにとどまらず、自分でもあらたな味の融合を生み出そうと実験を重ねていました。早速バジルの葉を数枚摘んで刻み、チーズのサンドイッチにはさむと、エキゾチックでスパイシーな風味が加わり、驚くほどおいしくなりました。それからというもの、ぼくはトマトソース、アサリのワイン蒸し、ローストビーフとあらゆる料理にバジルを入れるようになりました。バジルの鉢は、ぼくが礼節をわきまえた人間である証しとして、誇らしげに窓台に飾られ、ビーンズ・オン・トースト（缶詰のベークドビーンズをトーストにのせて食べるシンプルなイギリス料理）ばかり食べている世間一般の学生とは違うことを緑の葉が誇示してくれました。

　ハーブの世話が簡単なことを発見したのも、そのときです。水やりを忘れると、バジルはしおれ、葉もだらりと垂れさがります。ところが冷たい水をかけると、たちまち元気を取り戻し、ふたたび葉がピンと立ち、青臭い香りをアパート中に放ちだします。ちょっと乱暴な言い方かもしれませんが、なんて単純なんだろうと思ったものです。植物は世話をすればぐんぐん育ち、ほったらかせば枯れてしまう。それだけのことだと。

　この本にも、そんな思いを込めています。植物を育てることも料理をすることも、それほど大変なことではなく、やればやっただけの見返りが得られます。自分の小さな庭を世話したことでしか得られない達成感が味わえ、手塩にかけて育てたそのハーブを料理に使えば、喜びも倍増するというものです。

　本書で紹介しているレシピには、それほどむずかしいものはありません。ハーブやエディブルフラワー（食用花）を使って、いつもと違う、ちょっと意外な風味を料理に加える簡単なアイデアを集めてみました。本書のレシピは、ほかのハーブでも試せます。代用できるハーブを最低でも3つ紹介しているので、レシピであげたハーブがなくても大丈夫です。また、ハーブやエディブルフラワーを一切使わずにレシピを試してみることもできます。ハーブは料理に深い味わいやいつもと異なる趣を与えてくれますが、たいていのレシピは、それら抜きでもうまくできるはずです。ハーブは必要不可欠なものというより、独特の存在感で料理にちょっとしたアクセントをつけてくれるものなのです。

　また、ハーブを育てる時間がなくても、自分で育てる気にはなれなくても大丈夫です。植える場所がないというあなた。窓台に置いた小さな鉢でも、たいていのハーブは育ちます。もちろん、ぼくがはじめてバジルを買ったときのように、ハーブの鉢を店頭で買うのもありです。あれが、ぼくのコンテナガーデニングの第一歩でした。自分の手で育てなくても、なんら引け目を感じることはありません。でも、自分で育てればばかりしれない充実感が味わえるはずです。

ハーブ＆エディブルフラワー辞典

　自分の手でハーブやエディブルフラワーを育てたり、この庭の恵みを使って料理に香りや風味を加えたりするのは、実に楽しいものです。子どもの頃はまるで両親の庭に関心のなかったぼくですが、いまでは庭の小枝をつんで、あなたの鍋に放りこむことに誇りを感じているほどです。

　では、どうすればいいのか？　なにもむずかしく考えることはありません。この本を読めば、どれくらい簡単なことか分かるでしょう。もっと詳しく知りたければ、インターネットでいろんな情報を入手できるでしょうが、ここに書いてあることだけも、手始めには十分なはずです。

ショベルを手にする前に知っておきたい基礎知識

土——コンテナでのハーブ栽培には、ホームセンターや園芸店で売られている袋入りの万能タイプの鉢植え用土で十分でしょう。コンテナいっぱいに土を入れ、タネをまくか、さし木を植えて、たっぷりと水をやります。夏の間は1週間に1度、ホームセンターで売られている肥料をキャップ1、2杯ほど与えるとよいでしょう。

コンテナ——大きなコンテナや鉢ほど植物はよく育ちますが、十分なスペースがなければ、直径5cmほどの小さな鉢でも、ある程度は育てられます。根や地上部が十分に育つよう、ハーブの周囲にすくなくとも10cm程度のスペースがあるコンテナが理想的です。水はけをよくするため、コンテナの底に小石を敷くか、小さな穴が底にあいているのを確認してから土を入れましょう。とくに注意書きがなければ、タネやさし木は戸外のコンテナでも植えられます。

タネ——とくに注意書きがなければ、コンテナの土の上にパラパラとスジ状にタネをまき、軽く土をかけて、たっぷりと水をやるだけです。芽が出てきたら、混みあった部分を間引き、2.5cm以上の間隔をあけます。2週間ほど経ったら、貧弱な苗をさらに間引き、元気のよい苗だけを株間5cm以上で育てます。

さし木（さし芽）——ラベンダーやスイカズラのような花は、タネよりもさし木（さし芽）から育てるほうがよいでしょう。花のついていない元気な若い枝を5～10cmほど切り取り、先端の数枚の葉を残して下の葉を切り落として、切り口を発根剤（はっこんざい）に浸します。それから間隔をあけてコンテナの土に植え、たっぷりと水をやり、成長を見守ります。草丈が15cmほどになったら、先端の2枚の葉をつみ取って、あたらしい芽をわきから伸ばします。10日ごとにこの作業を繰り返し、こんもりと育てましょう。

苗——いちばん成功率が高いのは、もちろん園芸店で苗を買い、植え替える方法です。ビニールポットから苗を出し、根を傷めないよう気をつけながら、根についている土の塊を慎重にほぐします。コンテナに植えて土を寄せ、たっぷりと水をやれば、即席ガーデンのできあがりです。すぐに料理に使えます。

風味：スパイシーで甘い香り

植える時期：晩春に室内で

収穫の時期：9月下旬まで、伸びてきた茎から若い葉をつみます。

育て方：小さな鉢にタネが重ならないようにまき、ごく軽く土をかけ、たっぷりと水をやります。日当たりのよい窓辺に置きます。5週間ほど経ったら戸外に移し、間引きながら、株間20㎝ほどで育てます。日光を好み、少量の水やりをひんぱんに行う必要があります。少々水を切らしても、すぐ元気になります。伸びすぎを防ぐため、先端の葉をつみとりましょう。

一緒に育てられる植物：ミント、ローズマリー、タイムと一緒に寄せ植えすると、とても香り高いコンテナになります。

相性のよい食材：鶏肉、パスタ、パルメザンチーズ、サケ、モモ、トマト

代用できるハーブ：ミント、レモンバーム、オレガノ

食べ方：生、または蒸して。ただし、加熱しすぎると苦くなることがあります。

風味：さわやかでキュウリに似た味と香り

植える時期：4月から8月まで

収穫の時期：11月まで。青い花がエディブルフラワーとしてもっぱら利用されますが、葉もサラダに使えます。

育て方：やや日陰気味の場所に置いたコンテナに数㎝間隔でタネを直まきし、軽く土をかけ、たっぷりと水をやります。乾燥を嫌うので、土が乾かないように気をつけてください。ただし、水のやりすぎもよくありません。間引きながら株間60㎝ほどで育て、できるだけその状態を維持しましょう。放っておくと庭中がボリジだらけになりかねず、根絶するのが不可能になります。

一緒に育てられる植物：あまりありません。中サイズのコンテナで育て、ほかの植物の居場所を奪わないだけの十分なスペースを与えましょう。

相性のよい食材：カンタロープメロン、ディル、レモン、サケ、新タマネギ、イチゴ、白身魚

代用できるハーブ：イタリアンパセリ、バジル、レモンタイム

食べ方：生で。加熱すると、香りがとんでしまいます。

カレンデュラ（キンセンカ）
Calendula

風味：スパイシーでラディッシュのような味

植える時期：早春、霜がおりなくなったらいつでも

収穫の時期：夏の間じゅう。花を切り落とすと、花数がもっと増えます。

育て方：コンテナにタネを直まきし、軽く土をかけ、たっぷりと水をやります。3週間おきにあたらしいタネをまいておけば、花を絶やすことなく収穫できます。日光、水、堆肥や肥料を好みます。根が深く張らないので、中サイズのコンテナに1株か、大きなコンテナに株間20〜40㎝で数株植えるとよいでしょう。水切れに注意してください。

一緒に育てられる植物：ラベンダー、ローズマリー、ミントはカレンデュラと同じような環境を好み、一緒に植えると見た目も実にかわいいです。

相性のよい食材：牛肉、ブルーチーズ、バター、セロリ、トウガラシ、ズッキーニ、オリーブオイル、米、塩

代用できるハーブ：ナスタチウム、タイム、セージ

食べ方：生でも食べられますが、加熱するとなおよく、油や脂っこい料理が風味豊かになります。

チャービル
Chervil

風味：ほのかにリコリス（甘草）のように甘く、イタリアンパセリによく似た風味

植える時期：7月か8月

収穫の時期：晩秋から12月まで。地面から3㎝ほど葉を残して刈り取ると、また伸びてきます。

育て方：せまい場所や小さな鉢でも、ほかのハーブとのすき間でも、元気に育ちます。5㎝間隔でタネをまき、軽く土をかけ、たっぷりと水をやります。間引いて株間30㎝にします。暑すぎる場所が苦手で、日陰を好むので、背の高い植物の足元に植えるとよいでしょう。土はつねにやや湿り気味に保ってください。

一緒に育てられる植物：セージ、バジル、オレガノなど葉が密生し、チャービルを日差しから守れる植物なら、なんでも大丈夫です。

相性のよい食材：アスパラガス、鴨肉、フェンネル、サヤインゲン、ラム肉、ジャガイモ、サケ、マス

代用できるハーブ：イタリアンパセリ、オレガノ、バジル

食べ方：生、またはソースに加えて加熱します。

左頁の左上から時計回りに：ハーブいろいろ、
ハイビスカス、コリアンダー、ローズマリーとセントポーリア
とレモンタイム、ハーブいろいろ、センテッドゼラニウム

風味：タマネギのように強烈な風味

植える時期：早春から真夏まで

収穫の時期：2か月ほどで大きく育ちます。地面から2㎝ほど葉を残して刈り取ると、また伸びてきます。花をつむと、さらによく生えます。この花も食べられます。

育て方：まず室内で育てます。タネをスジ状にパラパラとまき、ごく軽く土をかけ、たっぷりと水をやります。草丈が5、6㎝ほどに伸びたら、戸外に移します。丁寧に掘りあげ、15㎝ほどの間隔で別のコンテナに植え替えてもかまいません。冬になると葉は枯れますが、根は生きています。戸外に出しっぱなしでも、翌春にはまた芽を出すでしょう。

一緒に育てられる植物：草丈がかなり高くなるので、低い草丈のハーブか、ディルやタイムのようにすらりとしたハーブと一緒に植えましょう。

相性のよい食材：ビーツ、鶏肉、タラ、山羊チーズ、パースニップ、ジャガイモ、サワークリーム

代用できるハーブ：バジル、オレガノ、ウィンターサボリー

食べ方：生、または蒸すか、ソースに加えて加熱します。

風味：すがすがしい柑橘系の香り

植える時期：晩春から8月末まで

収穫の時期：6月から冬の終わりまで、群生した葉をつみとれます。

育て方：土にスジ状の浅い溝をつくり、タネをまいて、軽く土をかけ、たっぷりと水をやります。苗がしっかりしてきたら、間引いて株間20㎝にします。日光を好みますが、暑すぎると葉が焼けて褐色になるので、やや日陰気味の場所が理想的です。いちど葉をつむと、次からはあまり伸びてこないので、毎月のようにタネをまくと、絶やさずに収穫できます。

一緒に育てられる植物：かなりの水を必要とするので、ミントやオレガノ、チャイブと一緒に植えましょう。

相性のよい食材：ニンジン、鶏肉、野菜サラダ、ピーナッツ、エビ、スイカ、キャベツ

代用できるハーブ：ミント、バジル、レモンバーム

食べ方：生、またはソースに加えて加熱します。タネはサラダに振りかけたり、すりつぶして肉にすりこんだりできます。

ディル
Dill

風味：ソフトで甘く、キャラウェイによく似た風味

植える時期：4月から7月末まで

収穫の時期：6月中旬から9月末まで、茎全体を刈り取ります。

育て方：小または中サイズのコンテナに土を入れ、鉛筆の先か指先で真ん中に溝をつくります。溝にタネをまき、1cmほど土をかけます。たっぷりと水をやり、芽の成長を見守ります。できれば株の周囲に10cm以上のスペースがほしいので、コンテナが手狭になったら、慎重に植え替えてもかまいません。毎月のようにタネをまくと、夏の間じゅう絶やさずに収穫できます。

一緒に育てられる植物：ディルは広いスペースを要するので、単独で植えるか、チャイブのように枝を伸ばさない細長いハーブと一緒に植えましょう。

相性のよい食材：キュウリ、ライム、レモン、サバ、赤ピーマン、新タマネギ、マス

代用できるハーブ：ボリジ、チャービル、イタリアンパセリ

食べ方：生、またはソースに加えて加熱します。

センテッドゼラニウム
Geranium

風味：ほのかな花の香り

植える時期：4月に室内で

収穫の時期：夏から晩秋まで、香りのよい葉をつみます。

育て方：鉢に土を入れ、2.5cmほどの間隔で数粒ずつタネをまき、よくほぐした土をパラパラと軽くかけます。すこしの水と液肥を与え、日当たりのよい窓辺に数週間置きます。芽が出て、春の天気が安定してきたら、戸外に移します。日光が大好きなので、いちばん明るい場所に置きましょう。水やりは控え目に。土の状態を指で確かめ、まだ湿っているようならそのままにします。咲きおわった花や茶色い葉は切り取ります。9月末には室内に戻し、家の中でいちばん日当たりのよい場所に置いてください。

一緒に育てられる植物：単独で育てるのがいちばんですが、種類や色の違う花と一緒に植えてもすてきです。

相性のよい食材：レモン、メロン、ラズベリー、スポンジケーキ、イチゴ

代用できるハーブ：バラ、スミレ、サボリー

食べ方：加熱します。加熱すると、葉の風味が増します。

左上から時計回りに：チャービル、マスタードフラワー、ハーブいろいろ、タイムとセージとミント、サボリー、タイムとラベンダーとローズマリー

ハイビスカス
Hibiscus

※ 一般的なハイビスカスは園芸種で、食用にはローゼル種を用いる。

風味：すがすがしく、ほのかな花の香り

植える時期：春

収穫の時期：夏の初めから秋の終わりまで、花を収穫します。花をつむと、花数がさらに増えます。

育て方：タネから育てるよりも、小さな株のハイビスカスを買うのがいちばんです。根のまわりの土をたたいて落とし、根の先端が2cmほど露出した状態で、直径、深さとも20cm以上ある鉢に植えてください。日光が大好きなので、日当たりのよい場所に移動しやすいよう鉢で育てます。水のやりすぎに注意してください。水やりの前に指先で土の乾き具合を確かめましょう。黄色い葉や茶色い葉は切り落とします。冬は室内に入れ、日当たりのよい窓辺に置けば、元気に冬越しするでしょう。

一緒に育てられる植物：とても根が張るので、単独の鉢で育てましょう。

相性のよい食材：トウガラシ、ニンジン、シナモン、ショウガ、豚肉、マンゴ、牛乳、オレンジ、トマト

代用できるハーブ：ミント、スミレ、ハニーサックル

食べ方：生、または乾燥させるか、ティーやソースに加えて加熱します。

ハニーサックル
Honeysuckle

風味：ハチミツのように甘い味

植える時期：春

収穫の時期：夏の盛りから秋の半ばまで、花を収穫します。

育て方：タネから育てるのはむずかしく、さし木で増やすほうが簡単でしょう。つる性の品種なら、深さのあるコンテナにさし木を植え、たっぷりと日の当たるフェンスや壁面のそばに置けば、絡みついてぐんぐん伸びます。株立ちする品種は、十分に日当たりのよい場所を選んで植えます。さし木の切り口に発根剤をつけて土にさし、土が乾かないように管理します。ハニーサックルは放っておくと延々と伸び、ほかの植物を閉めだしてしまうので（そこが魅力のひとつでもあるのですが）、花を切りながら好みの形や大きさに整えましょう。

一緒に育てられる植物：成長が早く十分なスペースを要しますが、ミツバチを呼び寄せるので、近くにラベンダーを植えると、庭にたくさんのハチを招くことができます。

相性のよい食材：ブラックベリー、ブラックカラント（カシス）、ハチミツ、ショウガ、メープルシロップ、ミント

代用できるハーブ：ミント、ハイビスカス、バラ

食べ方：生、またはソースやティーに加えて加熱します。

風味：繊細で、ティーのような香り

植える時期：春、霜が降りなくなってから

収穫の時期：夏の間じゅう、花を収穫します。

育て方：園芸店で鉢植えを買い、大きめの鉢に植え替えて数週間経ったら、水抜き穴のある深さ40㎝以上のコンテナに植え替えます。コンテナの底に小石を敷き、土を入れます。ジャスミンの根を十分に水に浸して水あげをしたら、土の表面から3㎝のところに根がくるように植え、土を寄せます。日光が大好きなので、強い風が当たらない明るい場所に植えましょう。壁面やフェンスのわきに植えると絡みついてよく伸びます。たっぷりと水をやり、土が乾燥しないように注意してください。

一緒に育てられる植物：ジャスミンは単独でコンテナに植えてください。ボリジやチャービルのようなハーブの近くに植えると、よい日よけになるでしょう。

相性のよい食材：スイスチャード、山羊チーズ、レモン、サケ、トマト

代用できるハーブ：ライラック、ナスタチウム、タイム

食べ方：生、またはティーに加えて加熱します。

風味：甘い花の香り

植える時期：冬の終わりに室内で

収穫の時期：晩春から夏の終わりまで、花を収穫します。花をつむと、花数がさらに増えます。

育て方：さし木で育てるのが、いちばん簡単です。花のついていない茎を10㎝ほど切り、下の葉を取り除いて、切り口を発根剤に浸します。砂まじりの土を入れた小さな鉢に5㎝ほどさし、日当たりのよい室内の窓辺に置きます。水を切らさないよう気をつけます。1か月ほど経ち、根が出て新芽が伸びはじめたら、大きな鉢に植え替えて戸外に移します。日当たりのよい場所に置きます。夏場は毎日水をやり、花がらや枯れた葉をこまめに取り除きましょう。とても丈夫な植物で、放っておくと伸び放題になるので、木質化した古い茎は切り、新しい茎を伸ばしましょう。

一緒に育てられる植物：ローズマリーやミント、サボリーのように日光が大好きで、水をたっぷり吸いあげるハーブ

相性のよい食材：アプリコット、牛肉、レモン、豚肉、モモ、ラズベリー

代用できるハーブ：スミレ、ローズマリー、サボリー

食べ方：生、またはロースト料理に使うか、ソースやティーに加えて加熱します。

左頁の左上から時計回りに：
ソレル、センテッドゼラニウム、バラ、ラベンダー、バジル

レモンバーム
Lemon Balm

風味：清涼感あふれる、レモンの香り

植える時期：早春から晩春にかけて室内で

収穫の時期：夏の終わりまで、葉をたっぷり収穫できます。

育て方：タネを小さな鉢にまき、ごく軽く土をかけ、たっぷりと水をやり、日当たりのよい窓辺に数週間置きます。芽が出て、気温がやや高くなったら、丈夫そうな苗だけを選んでやさしく引き抜き、戸外の鉢に株間10〜15cmで植え替えます。日当たりがよく、強い風が当たらない場所に鉢を置きます。夏の間はたっぷりと水をやります。好きなだけ葉をつんでも、すぐにまた生えてきます。戸外に出しっぱなしでも、翌春にはまた元気に芽を出すでしょう。

一緒に育てられる植物：レモンバームのすがすがしい香りは、チャイブなどの刺激的な香りを中和してくれますが、日光を好む植物なら、なんでも一緒に植えられます。

相性のよい食材：鶏肉、ズッキーニ、キュウリ、パルメザンチーズ、グリーンピース、マス

代用できるハーブ：レモンタイム、バジル、イタリアンパセリ

食べ方：生、または料理を出す直前に鍋に加えます。

レモンタイム
Lemon Thyme

風味：ウッディなレモンの香り

植える時期：春

収穫の時期：初夏から晩秋まで

育て方：横に広がりやすいので、10cm間隔で浅い穴をあけてタネをまき、ごく軽く土をかけ、たっぷりと水をやります。日光と水、強い風が当たらない場所を好み、この3つの条件がそろう場所で旺盛に育ちます。真夏に花を咲かせ、この花も食べられます。花をつみとり、サラダや肉料理に散らしましょう。枝を切ると成長が促されるので、どんどん葉をつみ、木質化した古い枝も切りましょう。

一緒に育てられる植物：香りがよく、日光が大好きなので、ラベンダーやローズマリー、ふつうのタイムと一緒に植えるのが理想的です。

相性のよい食材：リンゴ、鶏肉、ズッキーニ、エルダーフラワー、ショウガ、洋ナシ、シチメンショウ

代用できるハーブ：レモンバーム、タイム、ローズマリー

食べ方：生、またはロースト料理に使うか、ソースに加えて加熱するか、野菜と一緒に蒸します。

ライラック
Lilac

風味：ほのかに花の香りがあり、
ややスパイシーな味、ラディッシュに近い風味

植える時期：春から初夏

収穫の時期：夏の間じゅう、花を収穫します。

育て方：園芸店で苗を買って育てましょう。底穴のある大きめのコンテナを用意し、底に小石を敷いて、根をしっかりと水に浸し水あげしてから植えます。ライラックは広いスペースを好むので、混みあわないように植え、日当たりのよい場所に置いてください。過湿に注意し、花がらをこまめにつめば、みごとに花が咲くでしょう。春と夏は2週間おきに肥料を与えてください。

一緒に育てられる植物：単独植えを好みますが、花色が美しいので、ラベンダーやナスタチウムのそばに植えると、すばらしいコレクションになります。

相性のよい食材：ブラックベリー、ブラックカラント（カシス）、クリームチーズ、ライチョウ、レモン、スズキ

代用できるハーブ：ナスタチウム、カレンデュラ、タイム

食べ方：生、または加熱するか、煮込み料理に加えます。

ラビッジ
Lovage

風味：塩気があり、すがすがしく、セロリのような風味

植える時期：3月から初夏

収穫の時期：5月から真冬

育て方：指先で土に深さ2㎝の溝をつくります。3㎝間隔でタネをまき、軽く土をかけ、軽く水をやります。芽が出たら、間引いて株間を10㎝ほどにします。水やりは控えめに行い、土の湿り気を保ちつつ、加湿に注意します。定期的に刈らないと、草丈がとても高くなります。好きなだけ葉をつみ、6月に切り戻せば、さらに大きく育ちます。葉は若いうちが一番おいしいので、遠慮せずに刈りこみましょう。

一緒に育てられる植物：イタリアンパセリ、バジル、オレガノ

相性のよい食材：セロリ、サクランボ、鴨肉、レタス、レモン、パスタ、赤ピーマン

代用できるハーブ：イタリアンパセリ、ボリジ、オレガノ

食べ方：生、またはスープやソースに加えて加熱します。

左頁の左上から時計回りに：ラベンダーとローズマリー、ハーブいろいろ、ハニーサックル、ハーブいろいろ、セージ、ミントとバジルとコリアンダー、タイムとローズマリー

風味：甘くスパイシーな香り、オレガノに似ているが、もっと強め

植える時期：春

収穫の時期：夏の終わり、花が咲く前に葉をつみます。

育て方：指先で土に深さ2cmの溝をつくります。5cm間隔でタネをまき、ごく軽く土をかけ、たっぷりと水をやります。発芽するまでの2週間は、土が乾かないように気をつけ、芽が出たら水の量を減らします。日光を好むので、日当たりがよく、強い風が当たらない場所に植え、必要なだけ葉をつみます。イギリスでは通常、冬越しできないので、そのまま枯らすか、コンテナを室内に入れ、翌春まで日当たりのよい窓辺で管理しましょう。

一緒に育てられる植物：バジルとオレガノは、マジョラムと同じく日光を好み、水のやりすぎを嫌います。

相性のよい食材：バターナッツカボチャ、フェンネル、ラム肉、タマネギ、パスタ、ジャガイモ、ホウレンソウ

代用できるハーブ：オレガノ、バジル、セージ

食べ方：生、またはソースに加えて軽く加熱します。

風味：清涼感のある、さわやかな香り

植える時期：春から夏の終わりまで

収穫の時期：春の終わりから秋の終わりまで。室内に入れれば、冬の間じゅう収穫できます。

育て方：大きなコンテナいっぱいに根を張るので、単独で植えるのがいちばんです。大型のコンテナに5cm以上の間隔をあけてタネをまき、軽く土をかけて、水をやります。発芽したら、貧弱な芽を間引きます。芽が伸びはじめたら、ときどき水をやりますが、その後は自然まかせにし、長らく雨が降らないときだけ水やりしましょう。先端の葉をつんで食べます。草丈が25～30cmになったら、先端の芽をつみとって摘心し、それ以上高くならないようにします。冬場は室内に入れれば、いつまでも葉を収穫できます。

一緒に育てられる植物：単独で植えるか、バジルやローズマリーのように深く根を張るハーブと一緒に植えるのが最適です。

相性のよい食材：ソラマメ、キュウリ、ラム肉、ライム、マンゴ、グリーンピース、モモ、エビ

代用できるハーブ：レモンバーム、イタリアンパセリ、ラビッジ

食べ方：生、またはソースやティーに加えて加熱します。

マスタード
Mustard

風味：スパイシーで辛い味

植える時期：春

収穫の時期：1年中。霜が降りても、めったに枯れません。

育て方：指先で土に深さ0.5cmの溝をつくります。2.5cmほどの間隔でタネをまき、ごく軽く土をかけ、定期的に水をやります。涼しい気候を好み、土が乾かないよう管理する必要があるので、日陰に植えるのが理想的です。発芽したら、間引いて株間15cmほどにします。株が若いうちは花をつみ、サラダやシチューに使います。古い株は葉をつみ、ロケット（ルッコラ）のかわりにサラダに使います。真冬には室内に取りこむ必要があるでしょうが、ブラックマスタードなど一部の品種は、氷点下の日が多少あっても枯れません。

一緒に育てられる植物：コリアンダーやオレガノなど、草丈の高いハーブはマスタードの日よけになります。

相性のよい食材：ベーコン、牛肉、鶏肉、ニンニク、ガチョウ、ハム、ジャガイモ、ラディッシュ

代用できるハーブ：ナスタチウム、ウィンターサボリー、タイム

食べ方：生、またはソースに加えて煮込みます。

ナスタチウム
Nasturtium

風味：スパイシーで、ほのかに柑橘類の香り

植える時期：早春に室内で

収穫の時期：初夏から9月下旬まで。花が咲きおわったあとの種子は、ケーパーと同じように使えます。

育て方：日当たりのよい室内の窓辺からスタートします。中サイズのコンテナに土を入れ、1つのコンテナにつき8〜10個のタネを3cmほどの深さで植えます。軽く土をかけ、たっぷりと水をやります。定期的に水をやり、1か月ほどしたら間引きして、丈夫そうな苗だけを2、3本残します。戸外のできるだけ日当たりのよい場所にコンテナを移します。肥料は与えないほうが花数が増えるので、肥料を施す必要はありません。夏の間こまめに花がらをつんでいれば、おそらく刈りこむ必要はないでしょう。

一緒に育てられる植物：四方八方に伸びやすいので、単独で植えるか、チャイブのようにすらりとしたハーブと一緒に植えましょう。

相性のよい食材：アーティチョーク、キャベツ、セロリ、白身魚

代用できるハーブ：カレンデュラ、タイム、バジル

食べ方：生、または野菜と一緒に煮込みます。

左上から時計回りに:チャービル、ハーブいろいろ、チャイブ、タイム、サボリーとイタリアンパセリ、セージとセントボーリアとローズマリー

オレガノ / Oregano

風味：バジルをマイルドにしたような香り

植える時期：春

収穫の時期：夏の間じゅう、葉を収穫します。葉を切ると、さらに成長が促されます。

育て方：指先で土に深さ3cmの溝をつくり、タネをまいて土をかけ、軽く水をやり、十分に日の当たる場所に鉢を置きます。発芽したら、ひ弱な芽を間引き、株間10cmほどにします。水やりはひんぱんに行い、草丈が20〜25cmほどになったら、先端の芽を摘んで摘心します。花が咲くと葉の香りが落ちるので、花芽は早めにつみとりましょう。冬場は葉を2、3枚ずつ残して刈りこみ、マルチング材で覆って冬越しします。2〜4年は収穫を楽しめます。

一緒に育てられる植物：チャービル、コリアンダー、ラベンダー

相性のよい食材：ハム、ラム肉、モッツァレラチーズ、マッシュルーム、ソーセージ、スズキ、トマト

代用できるハーブ：バジル、マジョラム、チャービル

食べ方：生、またはソースに加えて加熱します。

パンジー / Pansy

風味：わずかな塩気とスパイシーさがあり、食欲をそそる味

植える時期：晩春から真夏まで

収穫の時期：夏の間じゅう、花を収穫します。

育て方：戸外の気温がかなり低ければ、室内でスタートしますが、通常は十分に日の当たる戸外のコンテナにタネを直まきします。指先で深さ2cmの穴を土にあけ、タネをまいて土をかけ、たっぷりと水をやります。3週間以内に発芽します。花をつむと成長が促されるので、遠慮せずにどんどんつんで、サラダに使いましょう。枯れた葉を取り除き、たっぷりと水をやっていれば、夏の間じゅう元気に花を咲かせるでしょう。

一緒に育てられる植物：ローズマリー、ラベンダー、タイムなど、同じく日光が大好きなハーブ

相性のよい食材：キャベツ、ニンジン、コリアンダー、ライム、ラディッシュ、マス、マグロ

代用できるハーブ：ナスタチウム、カレンデュラ、タイム

食べ方：生のままサラダに使います。

風味：スパイシーな草の香り

植える時期：春

収穫の時期：夏のはじめから秋にかけて、必要なときに葉と茎を収穫します。

育て方：イタリアンパセリのタネはとても丈夫なので、まく前日に熱湯に浸し、殻をやわらかくしておきます。水を切り、土の上にぱらぱらとタネをまき、指先で軽く土に混ぜこみます。比較的日当たりのよい場所にコンテナを置き、たっぷりと水をやります。発芽するまで土を乾燥させないように管理し、混みあってきたら間引きます。5㎝以上の株間にすれば、旺盛に育ちます。冬場はコンテナを室内に移せば、ふつうは2年間楽しめます。2年目にはかわいい花が咲くでしょう。

一緒に育てられる植物：オレガノ、バジル、レモンバーム

相性のよい食材：タラ、レモン、ハム、ミント、パルメザンチーズ、ジャガイモ

代用できるハーブ：レモンバーム、オレガノ、バジル

食べ方：生、またはソースに加えて加熱します。

風味：わずかな酸味と塩気があります。

植える時期：4月から8月まで

収穫の時期：初夏から初秋まで、葉を収穫します。

育て方：指先で深さ1㎝の穴を土にあけてタネをまき、軽く土をかぶせ、たっぷりと水をやります。日当たりのよい場所にコンテナを置きます。ときどき水をやれば、2か月以内には葉を収穫できるようになります。かなり乾燥した環境でも育つので、手間のかからないハーブを育てたい人にはうってつけです。間引いて株間10㎝ほどで育て、間引いた芽もサラダの彩りに使いましょう。1か月ごとにタネをまくと、夏の間じゅう絶やさずに楽しめます。

一緒に育てられる植物：ラベンダー、ローズマリー、ソレル

相性のよい食材：リンゴ、サヤエンドウ、マンゴー、グリーンピース、洋ナシ、サケ

代用できるハーブ：ボリジ、レモンバーム、ミント

食べ方：生、またはソースに加えて軽く加熱します。

左上から時計回りに：イタリアンパセリ、ミント、センテッドゼラニウム、セージ、ローズマリーとチャイブとラベンダー、セージとセントポーリアとローズマリー

風味：刺激的な芳香、松葉によく似た香り

植える時期：晩春

収穫の時期：1年中、8〜10cmほど枝を切って使います。

育て方：タネからも育てられますが、成功率がとても低いので、苗を買ってくるのが一番です。苗が植えてあるポットよりもやや大きく深い穴をコンテナに掘り、穴の底に1cmほど砂を入れてから苗を置き、土を寄せます。それほど手間のかからないハーブです。土が完全に乾いたら水をやり、ときどきわき芽を切って、好みのサイズに保ちます。放っておいてもどんどん育ち、最低限の剪定で20年はもつでしょう。

一緒に育てられる植物：タイム、バジル、ミントなど、ローズマリーと同じ深根性の多年生ハーブ

相性のよい食材：リンゴ、牛肉、バターナッツカボチャ、サクランボ、グレープフルーツ、ラム肉、レモン、オレガノ

代用できるハーブ：セージ、タイム、サボリー

食べ方：生、または加熱するか、ロースト料理に使います。

風味：土臭く、強烈な香り

植える時期：早春、または夏の間じゅう

収穫の時期：晩春から晩秋まで

育て方：指先で深さ1cmの溝を土につくり、タネをまき、土をかけ、たっぷりと水をやります。2週間ほどで発芽し、1か月ほど経てば葉をつめるようになります。間引いて株間40〜55cmにします。若いうちは水をたくさん欲しがりますが、大きくなれば日なたでほったらかしても、枯れることはないでしょう。土が乾いたら、水をやります。セージはどんどん横に広がり、コンテナいっぱいになりがちなので、定期的に葉をつみ、好みの大きさに保ちましょう。とても丈夫なハーブなので、どんなに剪定して刈りこんでも、ふたたび伸びてくるでしょう。

一緒に育てられる植物：ローズマリー、バジル、オレガノ

相性のよい食材：リンゴ、ケーパー、卵、サヤインゲン、ラム肉、豚肉、トマト

代用できるハーブ：マジョラム、バジル、ナスタチウム

食べ方：生でも食べられますが、ソースに加えて軽く加熱すると風味が増します。

ソレル（スイバ）
Sorrel

風味：レモンのような風味

植える時期：3月から5月

収穫の時期：春から11月まで、若い葉を収穫します。

育て方：指先で深さ0.5㎝の溝を土につくり、タネをまき、軽く土をかけ、たっぷりと水をやります。日当たりがよく、強い風が当たらない場所にコンテナを置きます。発芽したら、間引いて株間7、8㎝にし、数週間後に大きくなった苗をふたたび間引き、株間30㎝にします。大きくて古い葉は風味が劣るので、定期的に剪定して刈りこめば、また新しい芽が伸びてきます。夏場の水やりをしっかりと行えば、とても元気に育つでしょう。

一緒に育てられる植物：ラベンダー、ローズマリー、パースレイン

相性のよい食材：鶏肉、ズッキーニ、キュウリ、オレガノ、イチゴ、スズキ、シタビラメ

代用できるハーブ：レモンタイム、レモンバーム、ミント

食べ方：生、または加熱するか、ロースト料理に使います。

サマーサボリー
Summer Savory

風味：ウッディな強い香り、ローズマリーによく似た香り

植える時期：3月から8月

収穫の時期：発芽直後から10月まで、葉を収穫できます。

育て方：指先で深さ1㎝の溝を土につくり、タネをまき、軽く土をかけます。日当たりのよい場所にコンテナを置き、たっぷりと水をやります。土が乾燥しないよう、こまめに水をやりましょう。葉が横に広がりやすいので、間引いて株間を12㎝ほどにします。定期的に剪定して、葉を刈りこめば、また新しい芽が伸びてきます。とても丈夫なハーブなので、日光と水さえあれば元気に育ちます。

一緒に育てられる植物：ラベンダー、ソレル、オレガノ

相性のよい食材：牛肉、グレープフルーツ、タマネギ、オレンジ、豚肉、米、サツマイモ

代用できるハーブ：ローズマリー、ウィンターサボリー、タイム

食べ方：生、または乾燥させて。ロースト料理に使うか、ソースに加えて加熱します。

左上から時計回りに：ローズマリーとパンジー、ハーブいろいろ、ハーブいろいろ、レモンバーベナ、レモンバーベナ、ローズマリーとセージ

風味：アニスに似た芳香

植える時期：春から晩夏まで

収穫の時期：晩春から晩夏まで、茎と葉を収穫します。

育て方：丈夫で育てやすく、世話の簡単なハーブです。半日陰の場所を好みます。土に浅いくぼみをつくってタネをまき、軽く土をかぶせ、土が乾燥しないよう、こまめに水をやります。間引いて株間10㎝で育てます。冬はそのまま枯らすか、室内に取りこみ、日当たりのよい窓辺で冬越しさせましょう。

一緒に育てられる植物：チャービル、コリアンダー、チャイブ

相性のよい食材：鶏肉、レモン、ピーマン、マッシュルーム、ジャガイモ

代用できるハーブ：オレガノ、レモンバーム、チャービル

食べ方：生、またはソースに加えて加熱するか、ロースト料理に使います。

風味：ウッディな香りで、ピリッとした刺激的な味

植える時期：4月から夏の終わりまで

収穫の時期：真夏から晩秋まで、葉を収穫します。

育て方：日光が大好きなので、本格的な春になり、地面が十分に暖まるまで待ってから植えるのがいちばんです。指先で深さ1㎝の溝を土につくり、タネをまき、軽く土をかけます。水はあまり必要ないので、土がからからに乾かないように注意すれば、元気に育つでしょう。葉をつみとり、コンテナ内で大きくなりすぎないようにします。十分に成長した株は、最低でも10㎝の株間を必要とします。戸外で冬越しできます。剪定して、成長を促しましょう。

一緒に育てられる植物：レモンタイム、ラベンダー、ローズマリー

相性のよい食材：リンゴ、アーティチョーク、チェダーチーズ、ラム肉、レモン、ショウガ、ルバーブ、ソーセージ、イチゴ

代用できるハーブ：サボリー、ローズマリー、ナスタチウム

食べ方：生、またはロースト料理に使うか、ソースに加えて加熱します。

スミレ
Violet

風味：ほのかにせっけんのような花の香り

植える時期：秋

収穫の時期：晩冬から早春まで

育て方：園芸店で苗を購入できますが、タネからスタートする場合は、涼しくなってから植えます。アフリカスミレ（セントポーリア）は食べられないので、買わないように。5～10cm以上の間隔で、土に深さ2cmの穴をあけてタネをまき、軽く土をかけ、すぐに水をやります。冬の間は静かに発芽と成長を見守ります。春になり（運がよければ冬の終わりに）花が咲いてからは、たっぷりと水をやりましょう。花と葉をつんで、サラダやデザートに使います。花や葉をつむと、成長が促されます。

一緒に育てられる植物：ハーブは秋になると枯れはじめるので、かわりにスミレを植えましょう。スミレが枯れたら、またハーブを植えます。

相性のよい食材：クリーム、シナモン、グレープフルーツ、レモン、プラム

代用できるハーブ：バラ、ラベンダー、センテッドゼラニウム

食べ方：生、または加熱します。

ウィンターサボリー
Winter Savory

風味：スパイシーな香りと辛味で、サマーサボリーよりももっと強め

植える時期：9月

収穫の時期：冬の間じゅう

育て方：その名の通り、ひじょうに寒い気候にも耐え、雪が降っても大丈夫でしょう。指先で深さ1cmの溝を土につくり、タネをまき、軽く土をかけます。すぐに水をやり、あとは土が乾燥しないよう、秋の天気まかせにします。季節はずれの日照りが続くようなら、たっぷりと水をやります。間引いて株間10cmにします。たくさん葉をつんでも、また伸びてきます。多年生なので、夏に日陰をつくってやれば、毎年楽しめるでしょう。

一緒に育てられる植物：スミレ、イタリアンパセリ、セージ

相性のよい食材：リンゴ、ニンジン、ニンニク、洋ナシ、ソーセージ、白豆

代用できるハーブ：サマーサボリー、ローズマリー、タイム

食べ方：生、またはロースト料理に使うか、ソースに加えて加熱します。

ブレックファスト

　淹れたてのコーヒーやピッチャー入りのジュースを用意し、新聞をテーブルに山積みして、ラジオからはノスタルジックな音楽が流れてくる——そんな正真正銘のブレックファストが楽しめるのは、やはり週末しかありません。しかし平日の朝でも、慌ただしく玄関から駆けだす前に、大急ぎでスムージーをつくり、つくりおきのポーチドアプリコットをボウルにすくい、オレンジカードをパンに塗りたくる程度の時間はあるものです。

　ハーブやエディブルフラワーの香りは、朝にもっとも強くなります。植物の組織が夜気で柔らかくなり、太陽がのぼると同時に芳香を放つのです。ぜひともコンテナから葉や花をつんで、朝食に散らし、自分はカフェラッテで空腹をしのいでいるわけではないと優越感にひたりつつ、心身を活気づけましょう。ここでは、1日を元気にスタートできるフレーバーを紹介しています。

ローズマリーの
ポーチドグレープフルーツ

分量：2人分
調理時間：30〜35分

レッドグレープフルーツ…1個 | ローズマリー…1枝 | デメララ糖[*1]…大さじ3 | オレンジジュース…大さじ3 | バルサミコ酢…大さじ1 | オリーブオイル…大さじ2 | クレームフレーシュ[*2]

グレープフルーツセグメントは、イギリスの朝食の定番ですが、朝に食べるにはちょっと酸っぱすぎると思いませんか。このレシピでは、甘いオレンジジュースがグレープフルーツの酸味をまろやかにしてくれます。焼くことで皮が柔らかくなるので、お好みで皮ごとどうぞ。たくさんつくれば、冷蔵庫で1、2日は保存できます。冷やしても、おいしくいただけます。

- グレープフルーツの皮をよく洗い、皮つきのまま4つ割りして、小さな耐熱皿に並べる。オーブンを180℃に予熱する。

- ローズマリーの枝から葉を取り、ボウルに入れて、砂糖、オレンジジュース、バルサミコ酢、オリーブオイルを加える。フォークで軽く混ぜあわせ、グレープフルーツの上にかける。

- オーブンで25分焼く。玉じゃくしでグレープフルーツをすくい、皿にとって冷ます。残った果汁を鍋に移し、どろりとしたシロップ状になるまで5〜10分煮つめる。

- 2つのボウルにグレープフルーツを盛り、シロップをかける。仕上げにクレームフレーシュをひとすくいのせ、できたてをいただく。

[*1] ザラメに似た粒の粗い茶色い砂糖。赤ザラメや粒の大きいカソナードで代用できる。

[*2] サワークリームの一種で、いわゆるサワークリームよりも酸味や粘度は低く、乳脂肪分は多い。

ローズマリーの
かわりに…
タイム、ラベンダー、
サマーサボリーでも

サマーサボリーの
オレンジカード

分量：約400㎖
調理時間：15分

卵黄…4個分 | オレンジの皮と果汁…小2個分 |
ライム果汁…2個分 | グラニュー糖…225g | バター…115g |
サマーサボリー…2枝(葉のみ)

このレシピは、
シビル・カプール女史の
料理本で
紹介されていたもので、
昔ながらのレモンカードを
オレンジでつくるという
シンプルな発想が秀逸です。
ぼくはさらにアレンジして、
ハーブとライム果汁で
ピリッとした刺激的な風味を
つけました。
堅焼きパンにたっぷり塗ったり、
ギリシャヨーグルトや
ポリッジにかけたりして、
優雅な朝食をお楽しみください。
バターと一緒にパンに塗ると、
わずかな塩気と
カードの甘みのコントラストが
味わえます。

- オーブンを140℃に予熱する。
  ジャムの空きビンを洗剤で洗い、よくすすいで、
  オーブンに入れ、乾かしながら殺菌する。

- ビンを乾かしている間にすべての材料を鍋に入れ、
  ときどき混ぜながら、中火で15分煮る。
  これをビンに注ぐ。
  最初はドロドロの状態だが、冷えると固まる。
  カードの表面をワックスペーパーで覆う
  （専用の紙がなくても、オーブンシートを丸く切ればOK）

- カードが冷えて固まったら、
  ビンのふたをしっかりと閉める。
  ビンのふたを開けたら、
  冷蔵庫で2週間、保存可能。

サマーサボリー
のかわりに…
ローズマリー、タイム、
レモンタイムでも

リンゴとエルダーフラワーとタイムの
マフィン

分量：12個
調理時間：25分

セルフレイジングフラワー※1…300g｜グラニュー糖…300g｜塩…ひとつまみ｜
エルダーフラワーコーディアル…100㎖｜牛乳…100㎖｜卵…1個｜バター…100g（溶かしておく）｜
リンゴ…4個（皮をむき、芯をとり、あられ切りに）｜タイム…2枝（葉のみ）｜デメララ糖※2

マフィンといえば、
アメリカンブレックファストの定番ですが、
大ぶりのカップに入れたコーヒーを
添えれば、午前のおやつにも最適です。
優雅な週末の朝食にぴったりの
メニューで、慌ただしく玄関を
飛びだして仕事に出かける朝よりも、
日当たりのよいテーブルで
のんびりと食べたいものです。
エルダーフラワーコーディアルが
マフィンをしっとりとした食感に保ち、
タイムが甘ったるさを抑えてくれます。

● オーブンを180℃に予熱する。
デメララ糖※2以外の材料をすべてボウルに入れ、
なめらかなペースト状になるまで混ぜあわせる。
通常のケーキミックスと比べると、
ややベトベトした状態になる。

● 12個分のマフィン型を用意し、
生地を型のふち近くまで入れる。
デメララ糖※2を振りかけ、オーブンで25分焼く。
きれいな焼き色がつき、
押してみて弾力があれば、オーブンから出し、
型に入れたまま少し冷ましてから取りだす。
網にのせて冷ます。
焼きたてが最高だが、
密閉容器に入れれば2、3日は保存可能。

タイムの
かわりに…
レモンタイム、
ローズマリー、
オレガノでも

※1 ベーキングパウダー入りの小麦粉。
　　日本でも輸入食材店で入手できるが、小麦粉150gに対し
　　ベーキングパウダー小さじ2をふるい混ぜたものでも代用できる。

※2 p.42参照

とびきりおいしいミントの
ブレックファストスムージー

分量：2人分
調理時間：5分

完熟マンゴ…1個 | 熟したイチゴ…100g（ヘタをとる） | ミント…2枝（葉のみ） | カルダモンの実…2粒 | 低脂肪ヨーグルト…200g | アガベシロップ、またはハチミツ…大さじ1

スパイシーで繊細な風味の
カルダモンとすがすがしく
清涼感あふれるミントの
組み合わせが、
朝のお目覚めにぴったりです。
好みのフルーツで自由に
アレンジできますが、
ぼくのお気に入りは、
完熟マンゴとイチゴ。
あの甘さが、身体をやさしく
目覚めさせてくれます。

- マンゴの皮をむいてタネを取り、果肉を刻んで、イチゴ、ミントの葉とともにミキサーに入れ、ピューレ状にする。

- カルダモンの実の先端にナイフの刃先を差しいれ、実をぱっくりと開ける。
さやは捨て、中のタネとヨーグルト、アガベシロップまたはハチミツをミキサーに加える。
スイッチを入れ、よくかき混ぜる。

- およそ500mlのスムージーができる。
2つのグラスに注ぎ分けて、すぐに飲む。

ミントのかわりに…
レモンタイム、
レモンバーム、
ソレルでも

ラベンダーの
かわりに…
ローズマリー、ミント、
スミレの花びらでも

ラベンダーの
ポーチドアプリコット

分量：2人分
調理時間：15分

アプリコット…150g ｜ グラニュー糖…大さじ1 ｜ ラベンダー…1枝（花のみ） ｜ ギリシャヨーグルト

軽くて甘い朝食です。
1度にたくさんつくり、
冷蔵庫に入れておけば、
1週間は保存できます。
ラベンダーは控えめに。
さもないとフルーツの香りを
引き立てるどころか、
かき消してしまいます。
生のベリーを加えてもOK。
ラズベリーを少々入れても
おいしいです。

- アプリコットを2つに割り、タネを取り除く。
  小鍋にアプリコットを並べ、
  水50㎖、砂糖、ラベンダーの花を加える
  （ドライラベンダーの場合は、小さじ½で十分）。

- 鍋を火にかけ、
  沸騰したらフタをして、弱火にする。
  アプリコットがやわらかくなるまで、
  15分ほどコトコト煮る。
  玉じゃくしでアプリコットをすくい、
  2つのボウルに取り分ける。
  ギリシャヨーグルトをひとすくいのせ、
  煮汁少々を上からかける。
  できたてをいただく。

オレガノの
イタリアンレアビット

分量：2人分
調理時間：20分

バター…1かけ｜小麦粉…小さじ2｜牛乳…100㎖｜
タレッジョ（または、それ以外のクリーミーなイタリアチーズ）…75g（粗く刻む）｜卵黄…1個分｜
オレガノ…大さじ1（刻む）｜白パン…2枚｜プロシュート（イタリアの生ハム）…2枚｜
チェリートマト…少々（好みで）

これは、チーズとハムのトーストをグリルで焼いたもので、ウェルシュレアビット（ウェールズ地方発祥のチーズトースト）とクロックムッシュを足して2で割ったような感じです。ここでは、すべてイタリアの食材を使いましたが（ただしパンは別、田舎風の白パンにまさるものはありません）、なければふつうのハムやチーズでかまいません。こってりとして食べ応えがあるので、二日酔いの朝にもどうぞ。

- グリルを予熱しておく。
  小鍋にバターを入れて溶かす。
  小麦粉を加えてよくかき混ぜ、なめらかなペースト状にする。
  牛乳を少量ずつ加えて、よくかき混ぜ、クリームソースをつくる。
  さらにチーズ、卵黄、オレガノを加え、
  チーズが溶けるまでかき混ぜる。
  ドロドロの濃厚なソースができる。

- パンの両面をこんがりときつね色に焼く。
  パンの上にプロシュートを乗せ、
  スプーンですくったチーズソースをさらにかける。
  チェリートマトをのせる場合は、半分に切り、
  チーズソースの上に飾る。

- ソースをのせた面を上にしてトーストを耐熱皿に乗せ、
  チーズに焦げ目がつき、グツグツするまで、
  グリルで6～8分焼く。
  できたてをいただく。

オレガノの
かわりに…
バジル、タイム、セージでも

セージの
ベークドエッグ

分量：**2人分**
調理時間：**20〜25分**

オリーブオイル…大さじ2 ｜ ニンニク…1片（皮をむき、みじん切り）｜ チリフレーク…小さじ½ ｜
カイエンペッパー…小さじ½ ｜ パプリカ…小さじ1 ｜
セージの葉…大さじ1と½（刻む、飾り用にもとっておく）｜ 赤ピーマン…1個 ｜
カットトマトの水煮缶…400g ｜ パン…2枚 ｜ 卵…4個 ｜ バター ｜ クレームフレーシュ＊…大さじ2

このレシピのもとになった料理をはじめて食べたのは、有名シェフ、オットレンギ氏のロンドンの人気レストラン「ノピ」でした。中東のスパイスがふんだんに使われ、エキゾチックなヨーグルトがたっぷりとかかった「シャクシュカ」という料理で、じつにすばらしいブランチでした。一見シンプルな料理ですが、なかなか奥が深く、オットレンギ氏の味を再現するのはあきらめて、こんなふうにセージでアレンジしてみました。中東料理でセージ？と思われる方もいるでしょうが、これはこれでおいしく、こちらのほうが自宅でも簡単につくれます。のんびりとした土曜の朝、新聞を片手にゆったりとした気分で味わってください。

- オリーブオイルを中サイズの鍋に入れ、やや強火で熱する。オイルが熱くなったら、ニンニク、チリフレーク、カイエンペッパー、パプリカ、セージを入れ、フタをして3、4分加熱する。赤ピーマンを洗って切り、タネを取り、鍋に加える。軽くかき混ぜ、フタをして、赤ピーマンが柔らかくなるまでさらに3、4分加熱する。

- トマトの水煮を鍋に加えて、火を弱め、ソースがどろりとするまで、8〜10分コトコト煮る。

- ここからは、タイミングが重要。まずパンをトースターに入れ、それからすぐに卵を鍋に落とすこと。卵を割り、手早くトマトソースの上に均等に落とす。ふたたびフタをして、2、3分（卵の白身がほぼ固まり、黄身が堅くならない程度の時間）火を通す。仕上げにセージの葉を数枚飾る。

- トーストにバターを塗り、皿にのせる。大きなフライ返しを使い、黄身をつぶさないよう注意しながら、トマトソースごと皿に盛る。卵の上にクレームフレーシュをたっぷりのせ、できたてをいただく。

＊ p.42参照

セージの
かわりに…
オレガノ、バジル、
タラゴンでも

スターター＆サイドディッシュ

　じつを言うと、ぼくはディナーパーティが苦手でした。いまにもゲストがやってくるというのに、自分はまだ野菜を切り、皮をむき、友人に指示を出して、ひとり汗だく。プレッシャーに押しつぶされ、白い山羊チーズのごとくボロボロにくずれそうになったものです。

　でも、あるとき気づきました。パーティの準備は厄介なことでも、ストレスを感じることでもない。素材の持ち味さえしっかりと引きだせれば、ゲストをもてなす心の余裕も生まれるのだと。ゲストに喜んでもらうには、とにかく手の込んだ料理をつくらなければと思っていたのですが、実際には、目新しいフレーバーの料理を2つ、3つ用意して、みんなのグラスにお酒を注ぎ足していさえすれば、それだけで十分満足してもらえるのです。

　これから紹介するのは、自家製のハーブをつんで、ほかの材料と混ぜあわせるだけのシンプルで手軽で、おいしいレシピです。前夜につくりおきできるものが多いので、もてなし上手な印象もきっと与えられるでしょう。

ディルの
かわりに…
ミント、バジル、
オレガノでも

ディルと赤ピーマンのディップ

分量：4人分
調理時間：30分

赤ピーマン…2個（飾り用に生の角切りを少々とっておく）｜オリーブオイル｜
クルミ…100g（粗く刻む）｜サワークリーム…大さじ4｜
トマトピューレ…大さじ2｜レモン汁…1個分｜
ディル…4枝（刻む、飾り用にもとっておく）

ぼくは、ゲストがわが家にやってきたときすぐにつまめるよう、軽いおつまみをいつも用意しておきます。さもないと、最初からお酒を飲みすぎて、肝心の料理を楽しめなくなってしまうからです。それとも、これはぼくの友人たちに限ったことでしょうか……？
いまから紹介するのは、軽い口当たりながら、食べ応えもあるクリーミーなディップ。
スパイシーなのが好きなら、タバスコを数滴振ってもよいでしょう。

- オーブンを200℃に予熱する。
  赤ピーマンを洗い、少量のオリーブオイルをハケで全体に塗る。
  赤ピーマンを丸ごと耐熱皿にのせ、
  上からさらにオリーブオイルをかける。
  15分焼いたら、刻んだクルミを加えてオイルをからめ、
  さらに15分焼く。
  取りだして、冷ます。

- 赤ピーマンが手でさわれるほど冷めたら、皮をむき、
  縦半分に切り、ヘタとタネを取り除く。
  赤ピーマンをシンクの上で強くしぼり、汁気をきる。
  赤ピーマンとクルミ（大さじ1を飾り用にとっておく）を
  フードプロセッサーに入れ、撹拌する。

- サワークリーム、トマトピューレ、レモン汁を加え、
  なめらかなペースト状になるまでさらに撹拌する。
  最後にディルを加え、手で軽くかき混ぜる。

- ディップを2つのボウルに分け、
  飾り用のクルミと赤ピーマンの角切り、
  ディルの葉を散らす。
  トーストやピタパン、スティックキュウリのディップに最適。

ミントと
ソラマメの蒸し煮

分量：4〜6人分
調理時間：30分

バター…25g｜小麦粉…大さじ1｜野菜のストック…285㎖｜
冷凍ソラマメ…500g｜塩｜レモン汁…½個分｜ミントの葉…大さじ3（刻む）｜
酸味のあるパン…4〜6切れ（人数分）｜ペコリーノチーズ

これは、簡単な材料でつくれる、
ミントの風味たっぷりのシンプルな
前菜です。皮をむく必要がないほど
やわらかくなったソラマメが
バターとよくなじみ、
ミントの葉がさわやかな
サマーガーデンの趣を感じさせます。
じつは、はじめてこの料理を
つくったとき、友人のケイティーに
「チーズは余計。
マメだけで十分おいしい」
と指摘されましたが、
それでもぼくはチーズをかけます。
チーズをかけるとたいていの
料理がおいしくなると思うからです。
でも、チーズの量はひかえめに。
もちろんなくてもかまいません。

- バターを鍋に入れて中火で溶かし、
  小麦粉を加えて、なめらかなペースト状になるまで
  よくかき混ぜる。
  野菜のストックを少しずつ加えて、よくかき混ぜ、
  なめらかなソースをつくる。

- ソラマメ、塩ひとつまみ、レモン汁、ミントを
  鍋に加えフタをして、
  ソラマメがやわらかくなるまで
  弱火で25分コトコト煮る。

- その間にパンを焼き、皿にのせる。
  スプーンでソラマメをたっぷりすくって、パンにのせ、
  仕上げにペコリーノチーズを削ってかける。

ミントの
かわりに…
チャービル、バジル、
レモンバームでも

**カレンデュラの
かわりに…**
バジル、オレガノ、
ナスタチウムでも

セロリとスティルトンチーズとカレンデュラの
スープ

分量：4人分
調理時間：40〜45分

バター…100g｜セロリ…200g（粗く刻む）｜タマネギ…1個（皮をむき、刻む）｜野菜のストック…1ℓ｜生クリーム…100㎖｜スティルトンチーズ…100g｜カレンデュラの花…大さじ2（刻む、飾り用にも少々とっておく）

このレシピは、スープに求められる
すべての条件――クリーミーさ、
コク、塩気、バターの風味、そして
なにより手軽につくれること――
を満たしています。
カレンデュラの花は、
ピリッとした刺激的な味がするので、
調味料の役目も果たします。
カレンデュラのかわりに
別のハーブを使う場合は、
挽いた黒コショウを加えましょう。

- バターを大きな鍋で弱火で溶かす。
  セロリとタマネギを加え、フタをして、
  野菜から水分が出るまで10分加熱する。

- 野菜のストックを加え、蒸気が逃げるよう
  少しずらしてフタをして、30分コトコト煮る。
  野菜に十分火が通ったら、
  スティックブレンダーで撹拌し、
  なめらかなピューレ状にする。

- 生クリームを加え、
  スティルトンチーズをくずしいれ、
  カレンデュラを加える。
  沸騰させないよう注意しながら、
  チーズが溶けるまでかき混ぜる。
  スープ皿によそい、
  カレンデュラの花をきれいに散らし、
  できたてをいただく。

エビとコリアンダーとバラの
カクテル

分量：4人分
調理時間：10分

シャキシャキした食感のレタス(ロメインレタスなど)…100g (手でちぎる)
スイカ…300g (皮をむき、角切り)｜ローズウォーター
エビ…200g (ゆでて殻をむく)｜コリアンダー…大さじ4 (刻む)
バラの花びら(好みで仕上げに飾る)

エビのカクテルといえば、
1980年代の定番料理ですが、
あの甘ったるいピンク色の
ソースのせいでどうも
評判はいまひとつです。
しかし、材料のひとつひとつを
とってみれば、どれも新鮮で
モダンで、どことなく
皮肉っぽささえ感じられます。
真夏の夜のおもてなしには、
ぜひこの軽い前菜を。
気取らないもてなしを
したい人にもおすすめです。

- 4つのボウルにレタスを盛り分け、スイカの角切りをのせる。
  スイカの上にローズウォーターを1滴(大粒)振りかける。
  各ボウルあたり、1滴(小粒)ではやや物足りないが、
  2滴では多すぎるだろう。

- さらにエビとコリアンダーを盛りつけ、
  好みでバラの花びらを散らす。
  できたてをいただくか、ゲストが到着するまで
  1時間ほど冷蔵庫で冷やしておく。

コリアンダーの
かわりに…
ミント、バジル、
レモンバームでも

キュウリとボリジの
サーモンサラダ

分量：4人分
調理時間：10分

キュウリ…1本 ｜ 新タマネギ…3個（刻む）｜ リトルジェムレタス※…1個（手でちぎる）｜
サケ…2切れ（加熱してほぐす）｜ ライム果汁…1個分 ｜
オリーブオイル…大さじ2 ｜ ボリジの花…大さじ2（刻む）

ボリジは、さわやかな
"キュウリ"の味がして、
英国が誇る「ピムス」
（ジンベースのフルーツ
フレーバーリキュール）の
カクテルとの相性も抜群ながら、
どうも流行から外れた感があります。
しかし、驚くべき勢いで
コンテナを埋めつくす、
とても育てやすいハーブで、
ほぼどんなサラダにも合います。
これから紹介するのは、
夏にぴったりの軽い1品。
つくりおきできるので、
出番が来るまで冷蔵庫で
冷やしておきましょう。
食べ応えのある料理にしたければ、
ベークドポテトを添えてください。

- キュウリを2cm幅の輪切りにし、さらに4つ割りにする。
  新タマネギ、レタス、サケとともに皿に盛る。

- ライム果汁とオリーブオイルをビンに入れてよく振り、
  サラダにかける。
  ボリジの花を散らす。

※ ミニサイズのロメインレタス

ボリジの
かわりに…
ディル、ミント、
チャービルでも

アーティチョークの
ナスタチウムバターがけ

分量：4人分
調理時間：25〜30分

アーティチョーク…4個｜オリーブオイル｜ニンニク…2片（皮をむき、刻む）｜
ナスタチウムの花びら…大さじ2（みじん切り）｜
有塩バター…100g｜レモン汁…1個分｜塩

ナスタチウムは、見た目がかわいく甘い味がしそうですが、実際にはラディッシュのようなピリッとした辛味があり、太陽いっぱいの花のイメージとは裏腹に、かなり食欲をそそる味です。このフィンガーフードは、とても意外性があり……とにかく手や口がベタベタになります。バターのかかったアーティチョークを歯でしごいて食べていると、いやでも堅苦しさがほぐれるので、ディナーパーティのオープニングにうってつけです。ナプキンやアーティチョークのガクを捨てるボウルを多めに用意し、戸惑うゲストにも、ぜひ食べてみるようすすめましょう。

- よく切れるナイフでアーティチョークの茎を切り落とし、外側のガクをはずし、ガクの先端2cmほどを切り落とす。熱湯を沸かした蒸し器にアーティチョークを入れ、ガクの付け根にナイフがすっと刺さるまで25〜30分ほど蒸す。

- オリーブオイル少々を小鍋に入れ、中火で熱し、ニンニクを加えてじっくりときつね色になるまでいためる。さらにナスタチウム、バター、レモン汁、塩少々を加えて数分加熱し、ドロリとした液状にする。

- アーティチョークに火が通ったら、1個ずつボウルにのせ、ガクの間に均一にバターソースをたらす。熱いうちにゲストに出して、ガクを1枚ずつはがし、付け根の肉質部分を歯でしごいて食べるという食べ方を見せる。指を洗うフィンガーボウルやナプキンを多めに用意しておく。

ナスタチウムの
かわりに…
タイム、ローズマリー、
サマーサボリーでも

チャイブの花の
ピッツェッタ

分量：4〜6人分
調理時間：10〜12分

バケット…1つ | オリーブオイル | 有塩バター…50g（室温に戻す）| 塩 |
チャイブの花…2つ（花びらのみ、飾り用にもとっておく）|
好みのトッピング（アイデアは下記参照）

ふつうのピザをつくるかわりに、
こんなピッツェッタは
いかがでしょう？
おしゃれなガーリックブレッド…
といった感じですが、本当に
すてきだと思いませんか！
チーズがとろけて
したたるのも美味ですが、
ほぼどんなトッピングでも合うので、
いろいろ工夫してみましょう。

- バケットを縦半分に切り、切った面を上にして、耐熱皿にのせる。皿の大きさに合わせ、多少短めにカットする必要があるかもしれないが、なるべく長いままのせる。

- バケットの皿にオリーブオイルをひたひたに加える。オリーブオイルをしっかり染みこませると、ピッツェッタの生地がしっとりと仕上がる。オイルをすっかり吸いこませ、ややびしょびしょになるくらいにする。バター、塩多めのひとつまみ、チャイブの花を混ぜあわせ、バケットの上にたっぷりと塗る。

- このままでもおいしいが、好きなトッピングをのせるとさらによい。ハムとオリーブ、マッシュルームとグラーナパダーノ（イタリアの硬質チーズ）、トマトピューレとチェダーチーズは、どれもおいしい組み合わせだが、チャイブの花にすでに強烈な風味があるので、タマネギやニンニクはやめておいたほうがよい。

- ピッツェッタをオーブンに入れ、パンの端がこんがりするまで10〜12分焼く。食べやすいよう、一口サイズから10cmほどの長さに切り分け、仕上げにチャイブの花を散らす。できたてをいただく。

チャイブの
花のかわりに…
バジル、オレガノ、
ナスタチウムでも

チリとローズマリーの
ニンジンスティック

分量：**6人分**
調理時間：**25分**

オリーブオイル…大さじ3 | ニンジン…400g（皮をむく） | ローズマリー…2枝（葉のみ） | 塩 | チリオイル | パルメザンチーズ

見た目はぱっとしませんが、
食べてみるとじつに楽しい
フィンガーフードです。
つくる側は、ボローバン（肉や魚の
煮込みを入れたパイ）のように
手間ひまかける必要がなく、
ゲストのほうも、
なかなかヘルシーな料理なので、
心置きなくおいしい
チーズとチリの組み合わせを
ほおばれます。
かなりユニークな1品で、
ポテトチップスを袋から出すほどの
手間しかかからないので、
ゲストが腰を下ろす前に
前菜として出すのが
いちばんです。
サイドディッシュでもよいでしょう。

- オーブンを200℃に予熱する。
  耐熱皿にオリーブオイルを注ぎ、オーブンに入れる。
  ニンジンを縦に4つ割りにして、
  オリーブオイルを熱した皿に入れ、
  ローズマリーの葉と塩ひとつまみを加え、
  丁寧にかき混ぜて、ニンジンにオイルをよくからめる。
  ふたたびオーブンに入れ、
  ニンジンに焦げ目がつくまで25分ほど焼く。

- 玉じゃくしでニンジンを皿に盛る。
  ローズマリーの葉も一緒にすくうが、
  オリーブオイルはできるだけ切る。
  仕上げにチリオイル少々をかけ、
  パルメザンチーズを多めに削ってかける。
  できたてをいただく。

ローズマリーの
かわりに…
タイム、セージ、
マジョラムでも

ライト
ディッシュ

　ここでは、ピクニックなど戸外に持っていくのに最適なランチや、どちらかというと満腹感よりも新鮮な気分を味わいたいシンプルなディナーに最適なレシピを紹介しています。どのメニューも季節を問わず食べられますが、"太陽の味"を念頭においているので、よく晴れた土曜日に戸外で友人たちと食事を楽しむときのようなウキウキ感が味わえるでしょう。

　おいしそうなレシピの数々は、面倒なことばかりで、忙しく働きづめの毎日を振りかえり、ぼくの人生はかくありたい——おいしい食べ物と飲み物に囲まれ、のんびりとリラックスして過ごす夏の日々のように——という夢に感化されたものです。

ソレルとバターの
ポルチーニ

分量：1人分
調理時間：**5分**

有塩バター…50g｜ポルチーニ…75g（よく洗い、スライスする）｜
ソレル…大さじ2（刻む、飾り用にも少々）｜ニンニク…1片（皮をむき、刻む）｜
卵…1個｜厚切りのパン…1枚

これは、ぼくのお気に入りの
土曜日のランチ。
市場で泥だらけのポルチーニと
焼きたてのパンを
買ってきてつくります。
ポルチーニには、なにが
ついているか分からないので、
布巾で汚れをふきとるか、
よく洗うことをおすすめします。
キンキンに冷やした、
すがすがしい白ワイン
（シュナン・ブランかシャブリ）
を合わせると、
こってりしたとろとろの黄身を
さっぱりと味わえます。
優雅な気分に浸れ、
しかも手軽につくれる1品です。

- 小さなフライパンでバターを溶かし、
  ポルチーニ、ソレル、ニンニクを入れる。
  ときどきかき混ぜながら、5分ほど軽くいためる。

- その間にポーチドエッグをつくる。
  ぼくはエッグポーチャーを使ってきっちり2分半卵を加熱し、
  黄身をとろとろに仕上げる。
  エッグポーチャーがなければ、熱湯を鍋に深さ2cmほど注いで
  強火にかけ、レードルに卵を割りいれて、
  卵が完全に湯に浸からないよう、
  レードルを慎重に鍋の中に固定する。
  レードルの柄が出るすき間を残して、フタをして、
  2分半加熱する。

- パンをこんがりと焼き、バター（分量外）を塗って皿にのせる。
  いためたポルチーニをパンにのせ、
  その上にポーチドエッグをのせる。
  仕上げに刻んだソレルを散らし、できたてをいただく。

ソレルの
かわりに…
チャイブ、タイム、
タラゴンでも

ローズマリーの
かわりに…
タイム、カレンデュラ、
マジョラムでも

ローズマリーと赤ブドウと
山羊チーズのキヌア

分量：2人分
調理時間：15〜20分

キヌア…100g | オリーブオイル | ローズマリー…1枝（葉のみ） | リンゴジュース…200㎖ | 赤ブドウ…100g（半分に切る） | セロリ…2本（刻む） | ハード系の山羊チーズ…100g（くずす）

キヌアは、独善的で冴えない
見た目のせいで、
不遇な扱いを受けている雑穀です。
しかし、このレシピのように
リンゴやローズマリーの風味をつけ、
シャキシャキした新鮮な食材を
添えれば、ナッツのような味になり、
わずかにクリーミーさや優雅ささえ
感じられます。
できたてをすぐに食べるか、
密閉容器に入れて冷蔵庫で冷やし、
オフィスのランチにどうぞ。
とてもヘルシーなファストフードです。

- キヌアをよく水で洗い、鍋に入れて
  オリーブオイル少々、ローズマリーの葉、
  リンゴジュース、水200㎖を加える。
  鍋を火にかけ、沸騰したら中火で15〜20分、
  汁気がなくなるまで煮る。
  焦げつかないようにときどきかき混ぜ、
  必要に応じて少量の水を足す。
  キヌアに火が通ったら、火をとめて冷ます。

- 冷めたキヌアを2つのボウルに取り分け、
  赤ブドウ、セロリ、山羊チーズをのせる。

ジャスミンの
かわりに…
ラベンダー、ミント、
マジョラムでも

ジャスミンドレッシングの
スイスチャードサラダ

分量：2人分
調理時間：2～3分

スイスチャード…250g｜ベビービーツのピクルス…200g（粗く刻む）｜
クルミ…50g（刻む）｜
ドレッシング：レモン汁…小さじ1｜リコッタチーズ…小さじ2｜
オリーブオイル…大さじ1と½｜リンゴ酢…大さじ1と½｜ジャスミンの花…6～9個｜塩

カリカリしたクルミとやわらかい
スイスチャードがみごとな
コントラストを織りなす、
食感の違いが楽しいサラダです。
とてもシンプルなサラダなので、
たくさん食べたければ、
つくる量を増やしてください。
マイルドな山羊チーズを少量
くずしてかけるとおいしいですが、
チーズの風味が強すぎると、
ジャスミンドレッシングの繊細さが
かき消されてしまいます。
皿に残ったドレッシングを
堅焼きパンでふきとるのも
おすすめです。

- スイスチャードをよく洗い、蒸し器、または水を沸騰させた鍋の上に置いた耐熱ザルに入れ、茎がやわらかくなるまで2、3分蒸す。蒸し器から取りだし、2つの皿に取り分けて冷ます。

- スイスチャードの上にビーツとクルミを散らす。ドレッシングの材料をすべてビンに入れ、フタをして十分に撹拌する。サラダにかけて出す。

ブリーチーズとクランベリーとタラゴンの
スタッフドポテト

分量：1人分
調理時間：60〜75分

ジャガイモ…1個 | ブリーチーズ…50g（角切り）| クランベリーソース…小さじ2 | タラゴン…大さじ1（刻む）| オリーブオイル

「料理のレシピ本をつくっています」と義理の母に話したら、キノコの肉詰めや"そういう類のもの"はのってないといいんだけれど、と言われました。
人生は短いから、野菜の詰め物なんかつくっていられないそうです。たしかに一理ありますが、このレシピならそんなに手間はかかりません。
もちろん、もっと手抜きもできます。ジャガイモを焼いて真ん中に切り込みを入れ、ブリーチーズ、クランベリーソース、タラゴンを詰めてもOK。
でも、ブリーチーズは焼くとドロドロになり、流れだしてしまうので、ちょっともったいないかもしれません。

● オーブンを200℃に予熱する。
ジャガイモが中までやわらかくなるまで焼く。
ぼくはジャガイモをレンジで5分加熱し、
すこしやわらかくしてから、オーブンで25分焼き、
皮をカリカリにするが、
ジャガイモをそのままオーブンに入れ、
大きさに応じて45〜60分焼いてもよい。
ナイフを刺し、
中まで火が通っているかどうか、たしかめる。

● ジャガイモがやわらかくなったら、
半分に切ってスプーンで中身をかきだし、
オリーブオイル以外のすべての材料と混ぜあわせ、
ふたたびジャガイモの皮に詰める。
オリーブオイル数滴をたらしてオーブンに戻し、
皮がカリカリになるまで15分ほど焼く。
シャキシャキのサラダや冷肉を添えて出す。

**タラゴンの
かわりに…**
ローズマリー、チャイブ、
バジルでも

サバとコリアンダーの **トースト**

分量：1人分
調理時間：10分

チェリートマト…150g（半分に切る）｜オリーブオイル…大さじ1｜黒コショウ｜バルサミコ酢…小さじ1｜サバのくん製…1切れ（ほぐす）｜コリアンダー…大さじ1（刻む）｜全粒粉のパン…1切れ｜バター

はじめてこのレシピを試したとき、失敗した場合に備えて2回分の材料を用意していて正解でした。最初の1皿はあっというまに平らげてしまい、すぐにまた同じものをつくったからです。それ以来、わが家では、手軽なランチや、夜遅く帰宅した日の夕食の定番メニューになりました。新鮮で甘いトマトの風味とサバの塩気とコクが最高。じつにシンプルで、手間いらずの1品です。

- 小さな鍋にトマトとオリーブオイル、挽いた黒コショウを入れ、弱火にかける。ときどきかき混ぜながら、トマトを5分ほどいためる。

- トマトの皮がめくれてきたら、バルサミコ酢を加え、火を強めて2、3分ぐつぐつ煮て、どろりとしたソースにする。サバとコリアンダーを鍋に入れて混ぜ、1分煮る。その間にパンを焼き、バターを塗る。

- トマトとサバのソースをトーストの上にのせ、できたてをいただく。

コリアンダーのかわりに…
オレガノ、バジル、セージでも

ハチミツとライラックのトッピング
スズキのステーキ

分量：2人分
調理時間：15～20分

オリーブオイル…大さじ4 ｜ スズキ…2切れ ｜ ハチミツ…小さじ4 ｜
松の実…50g ｜ 塩 ｜ ニンニク…2片（皮をむく）｜
ライラックの花…大さじ1（刻む、飾り用にもとっておく）

バラやスミレは花の香りと
同じ味がしますが、
ライラックは花らしい味が
あまりせず、
わずかなほろ苦さと塩気があり、
魚料理によく合います。
ライラックのトッピングが
スズキの身に
いい具合にこびりつき、
耐熱皿に落ちたカケラも
カリカリとおいしく食べられます。

- オーブンを180℃に予熱する。
耐熱皿にアルミホイルをしき、
少量のオリーブオイル（分量外）を塗る。
皮がついている側を下にして、
ホイルの上にスズキをのせる。
オリーブオイルとハチミツをよく混ぜ、
半量をスズキにかける。

- 残りのオリーブオイルとハチミツと
そのほかの材料をすべてブレンダーで撹拌し、
ツブツブのペースト状にする。
これをスズキの身に塗り、
ペーストがこんがりときつね色になるまで、
オーブンで15～20分焼く。
仕上げにライラックの花を散らし、
グリーンサラダと新ジャガを添えて出す。

ライラックの
かわりに…
ローズマリー、ナスタチウム、
タイムでも

グリーンピースとパースレインと
パンジーのサラダ

分量：2〜4人分
調理時間：15〜20分

ジャスミン米…125g｜生のグリーンピース…75g（サヤから出してゆでる）｜
完熟マンゴ…1個（皮をむき、種をとり、角切り）｜パースレイン…1束｜
エビ…50g（ゆでて殻をむく）｜バジル…大さじ2（刻む、飾り用にも数枚とっておく）｜
レモン汁…1個分｜オリーブオイル…大さじ1｜パンジー

パースレインは、
中東ではおなじみの食材ながら、
アメリカやヨーロッパでは
雑草扱いされている、
とても気の毒なハーブです。
じつにもったいない話で、
ぼくはメニューにパースレインの
名前を見つけるとうれしくなります。
あの塩気がサラダやソースを
ますます食欲のわく味に
してくれるからです。
この大皿料理は、冷肉や
パイと一緒に出してもすてきです。
色鮮やかなハーブと花とフルーツが、
あらゆる料理を引き立てます。

- ジャスミン米と水250mlを鍋に入れ、
  中火でゆっくり沸騰させる。
  沸騰したら火を弱め、フタをして、
  水がなくなるまで15〜20分コトコト煮る。
  米をザルにあけ、粘り気がとれるまで流水でよく洗い流す。

- 水気を切った米を大皿に盛り、
  グリーンピース、マンゴ、パースレイン、エビ、バジルと
  よく混ぜあわせる。
  レモン汁とオリーブオイルをビンに入れて
  よく振ってサラダにかけ、
  すべての材料をよく混ぜあわせる。
  パンジーとバジルを散らして出す。

パースレインの
かわりに…
バジル、ミント、
オレガノでも

レモンバームとイタリアンパセリの
スパゲッティ

分量：2人分
調理時間：15分

オリーブオイル | スパゲッティ…100g | ニンニク…2片（皮をむき、刻む） |
チリフレーク…小さじ1 | ズッキーニ…1本 | レモン汁…1個分 |
レモンバーム…2枝（葉のみ） | イタリアンパセリ…大さじ1（刻む） |
パルメザンチーズ（好みで仕上げに削ってかける）

レモンバームを指でつんだのは、
子ども時代の一番古い記憶のひとつです。
庭を走りまわっていてふと立ちどまり、
なんの変哲もない草が
ハーブガーデンの片隅ですがすがしい
エキゾチックな香りを放っているのを
不思議に思ったものです。
母が1度だけ生の葉で
ハーブティーを淹れましたが、
どうも"かなり濃いめ"だったようで、
それ以来わが家では、
レモンバームを利用したことが
ありませんでした。
いま思えばもったいない話で、
レモンバームは、その名のとおり
すがすがしいレモンの風味と
わずかな塩味で
心身を心地よく活気づけてくれます。
レモンの皮のかわりにケーキに使ったり、
レモン風味のドリンクをつくったり
（母の失敗は気にせずに……）、
これから紹介するパスタに
利用してください。

- 大きな鍋に少量のオリーブオイルと水を入れ、火にかける。沸騰したらスパゲッティを入れ、袋の表示どおりにゆでる。

- その間にオリーブオイルを別の鍋に多めに注ぎ、中火にかける。オイルが熱くなったらニンニクとチリフレークを入れ、フタをして、ニンニクがきつね色になるまで2、3分加熱する。ズッキーニを縦半分に切り、それから1cm幅で半月切りにする。ズッキーニをニンニクの鍋に加えて混ぜ、フタをして、5分ほど加熱し、軽く焦げ目をつける。

- ズッキーニの鍋を火から下ろし、レモン汁を加えて混ぜる。ピチピチと汁が飛ぶので注意すること。ふたたび鍋を火にかけ、すこし煮つめる。

- スパゲッティがゆであがったら、湯を切り、レモンバームの葉とともにズッキーニの鍋に加え、よく混ぜる。必要ならばもう1度鍋を火にかけ、スパゲッティを温める。

- スパゲッティを2つの皿に盛り、イタリアンパセリを散らす。好みでパルメザンチーズを削ってかける。できたてをいただく。

レモンバームと
イタリアンパセリの
かわりに…
ミントとバジル、
レモンタイムとオレガノ、
ナスタチウムと
タイムでも

ベーコンとホウレンソウと
チャイブのトルティーヤ

分量：1人分
調理時間：6分

薄切りベーコン…2枚（皮をつけたまま、刻む）｜トルティーヤの皮…1枚｜
サラダホウレンソウ…50g｜スティルトンチーズ…50g（くずす）｜
チャイブ…大さじ1（刻む）｜チェリートマト…4〜5個（半分に切る）

温かくて心がなごみ、
しかもヘルシーなランチだ
（たしかに野菜がはいっている！）
とうなずける1品。
ベーコンと
スティルトンチーズの塩気、
チャイブのピリッとした辛味──
強烈な風味をもつ具材が、
絶妙のハーモニーを奏でます。
ホウレンソウが
吸い取り紙の役目を果たして、
適度に汁気を吸いこみ、
トルティーヤが
ベタベタになるのを防ぎます。
マイルドなチェダーチーズでも
おいしくつくれます。

- フライパンを強火で熱し、熱くなったらベーコンを入れ、カリカリになるまで5分ほどいためる。トルティーヤの皮を皿に広げ、ベーコンとしみ出た脂を中央にのせ、ベーコンの味をしみ込ませる。

- フライパンをふたたび火にかけ、ホウレンソウ、スティルトンチーズ、チャイブを加えてよく混ぜあわせ、1分ほどいためる。チーズが溶け、ホウレンソウがしんなりしたら、ベーコンの上に盛り、最後にチェリートマトを飾る。トルティーヤの皮を半分に折り、両サイドも折りたたんで、具を包みこむ。できたてをいただく。

**チャイブの
かわりに…**
バジル、セージ、
オレガノでも

ハーブ風味のシチメンチョウとパースニップの
マッシュパイ

分量：4人分
調理時間：35〜40分

バター…100g ｜ シチメンチョウの胸肉…400g（ぶつ切り）｜
冷凍グリーンピース…100g ｜ 塩 ｜ 小麦粉…大さじ1 ｜ サワークリーム…大さじ4 ｜
バジル…大さじ2（刻む）｜ ミント…大さじ1（刻む）｜
パースニップ…400g（皮をむく）｜ 黒コショウ

とても食べ応えがあるので、
大きなパイ皿で焼き、
2人分のディナーにしても
よいでしょう。
パースニップのマッシュは、
マッシュポテトほど胃にもたれず、
チーズも入っていないので、
食感は思ったよりも軽めです。

- オーブンを180℃に予熱する。
  大きな鍋を中火で熱して、バターを溶かし、シチメンショウ、
  冷凍グリーンピース、塩ひとつまみを加える。
  ときどき混ぜながら5〜10分いため、
  グリーンピースを解凍し、シチメンチョウに軽く焼き色をつける。
  小麦粉を加え、ダマにならないようよく混ぜる。
  さらにサワークリーム、バジル、ミントも混ぜる。

- その間にパースニップを輪切りにし、鍋で15分ゆで、
  ナイフの刃先が簡単に刺さるほどやわらかくする。
  湯を切ってふたたび鍋に戻し、中火で軽く加熱して、
  水分を完全に飛ばす。バター1かけ（分量外）と
  黒コショウ少々を加え、なめらかになるまでよくつぶす。

- いためたシチメンチョウを4等分し、
  1人用の小さなパイ皿かキャセロールに入れる。
  皿は250㎖程度の容量があること。
  つぶしたパースニップも4等分して、
  シチメンチョウの上にのせ、表面を丁寧にならす。
  オーブンで20分焼き、
  皿の端がグツグツしてきたら取りだす。

バジルとミントのかわりに…

チャイブとタラゴン、
ローズマリーとタイム、
レモンタイムと
イタリアンパセリでも

メイン
ディッシュ

　メインディッシュには、2つのタイプがあります。1つは、スーパーで急いで買ってきた材料で自分や家族のために手早くつくるシンプルなもの。もう1つは、もっと手が込んでいて、ディナーパーティのハイライトになるもの。みんながくつろいでいながら、まだだれも飲みすぎてないタイミングで出され、なごやかな歓談ムードをおおいに盛りあげてくれるものです。

　どちらにせよ、庭からつんだハーブの小枝で、いっそうすてきに演出できます。これから紹介するレシピは、たとえパーティ用でも、それほど準備はいりません。あなたはすでにハーブや花を育て、テーブルをセッティングし、友人みんなが一堂に会せるようスケジュールを調整するという労力をかけているのです。ディナーの準備は、ゆったりと過ごす楽しい夜のスタートであるべき。これから紹介するレシピは、どれもそれにふさわしいものばかりです。

ピーチとバジルの
サマーローストチキン

分量：**6人分**
調理時間：**1時間20分**

丸鶏…1羽(1.3kg) ｜ 白ワイン…250ml
タイム…4〜5枝 ｜ 新ジャガイモ…1kg ｜ オリーブオイル…100ml
塩 ｜ モモ…3個(タネをとり、スライス) ｜
バジル…大さじ3（刻む、飾り用にもとっておく）

ロースト前に
チキンをゆでるのは、
すこし面倒に思えるかも
しれませんが、ひと手間
かけるだけの価値はあります。
ゆでることで肉がやわらかく
ジューシーになり、
本当においしく仕上がるのです。
モモもピューレ状になり、
味も香りもばつぐんの
即席チャツネに。
日曜日のランチに
気軽に試してほしい、
ローストチキンの新しい味です。

- オーブンを220℃に予熱する。
  大きめの鍋に胸側を下にして鶏肉を入れ、
  白ワインとタイムを加え、鶏肉が完全にひたるくらいの量の
  水を注ぐ。火にかけ、沸騰したら10分ゆでる。
  別の鍋でジャガイモを10分ゆでる。

- 大きい耐熱皿にオリーブオイルを入れ、オーブンで熱する。
  ゆでた鶏肉を取りだし（ゆで汁はチキンストックとして
  利用できる）、胸側を上にして耐熱皿にのせる。
  ゆでたジャガイモの水気をきり、鶏肉のまわりに並べる
  （オイルがはねるので注意すること）。熱いオイルを鶏肉と
  ジャガイモにかけ、塩ひとつまみを全体に振りかける。

- オーブンで30分焼いたら、170℃に温度を下げ、
  肉汁とオイルを全体にかけながらさらに30分焼く。
  肉のいちばん分厚い部分にナイフを刺して
  澄んだ肉汁が出てくれば、焼きあがり。
  まだなら、さらにオーブンで10分焼き、ふたたび確認する。
  肉汁が透明になったら鶏肉だけを皿にのせ、アルミホイルで
  包んで10分ほど置いておく。モモとバジルを耐熱皿の
  ジャガイモに加えてよく混ぜ、オーブンで10分焼く。

- 鶏肉を切り分け、ジャガイモとモモをたっぷり添える。
  肉汁少々をかけ、バジルの葉を散らす。
  グリーンサラダも添えて出す。

バジルの
かわりに…
ミント、タイム、
タラゴンでも

チャイブの
かわりに…
タラゴン、イタリアンパセリ、
オレガノでも

チーズとハムとチャイブの "シェパーズパイ"

分量：4人分
調理時間：45〜50分

厚切りハム…200g（大きめに切る）| 野菜のストック…50㎖（温めておく）|
生クリーム…150㎖ | レモン汁…½個分 | ディジョンマスタード…大さじ1 |
チャイブ…大さじ2（刻む）| 熟成チェダーチーズ…100g（削る、仕上げ用にもとっておく）|
黒コショウ | ジャガイモ…600g | バター

クリーミーなマッシュポテトが、もっぱらラム肉、牛肉、魚のトッピングだけに使われるのも、なんだか妙な話です。
マッシュポテトの下に鶏肉とマッシュルームとタラゴンではどう？と提案されたら、「どうしてそれを思いつかなかったんだろう！」とあなただって思うはず。
同じくハムとチャイブでもおいしく、タマネギに似たチャイブの強烈な風味がこってりしたソースによく合います。
塩を加える必要はありません。
かなりシンプルな材料ですが、それがポテトとチーズのおいしさをよりいっそう引き立てます。

- 浅いパイ皿にハムを敷く。
  大きめのボウルに熱いストックを注ぎ、ジャガイモとバター以外のすべての材料を入れて混ぜあわせ、黒コショウで調味する。
  ストックキューブを使う場合は、½個ほどを湯に溶かす。
  多すぎるとパイの塩気がきつくなるので注意すること。
  混ぜた液をパイ皿に均一に注ぐ。

- オーブンを180℃に予熱する。
  ジャガイモの皮をむいて半分に切り、やわらかくなるまで20分ほどゆでる。湯を切り、バターひとかけを加えてつぶし、マッシュポテトをつくる。
  マッシュポテトをスプーンですくって、ハムを入れたパイ皿の上にのせ、スプーンの背で丁寧にならす。
  削ったチーズを上に散らし、チーズに焦げ目がつき、ぐつぐつするまでオーブンで25〜30分焼く。
  グリーンピースやニンジン、グリーンサラダを添えて出す。

レモンとチャービルの
ポーチドサーモン

分量：2人分
調理時間：10分

生サケ…2切れ｜塩…小さじ山盛り2｜サラダ油…大さじ1｜
チャービル…大さじ1（刻む）｜レモン汁…1個分｜クレームフレーシュ＊…150g｜
ボリジまたはミントの花（好みで仕上げに飾る）

ぼくのパートナーの
92歳になる祖母は、
いつもこのやり方で魚を調理します。
イギリスの古典的料理書を記した
ビートン夫人流の古風な調理法で、
これで本当においしくできるのかと
疑問に思われるかもしれませんが、
魚はいつもやわらかく、
風味豊かで完璧な仕上がり。
風味の強いレモンとチャービルの
ソースがよく合います。
簡単につくれて、
見た目も豪華なので、仕事から
帰宅し、手の込んだ料理をつくる
気になれない夜に試してください。

- 生サケ、サケが完全にひたるくらいの量の
  水、塩を鍋に入れる。
  塩小さじ山盛り2杯は多いように感じるが、
  水の沸点を高めるために入れているだけで、
  サケが塩辛くなることはない。
  フタをして、ごく弱火にかける。

- フライパンに油を入れて、やや強火で熱し、
  チャービルを加え、香りが立つまで2分ほどいためる。
  火にかけたままレモン汁とクレームフレーシュを加えて
  かき混ぜ、沸騰する前に火から下ろす。
  この時点でサケを入れた鍋は、沸騰直前になっているはず。
  鍋の湯面が動きはじめたら
  （鍋を火にかけてから、およそ10分後）、
  サケにはすでに火が通っているので、
  玉じゃくしですぐに鍋から取りだす。

- サケを皿にのせ、レモンソースをたっぷりかける。
  あればボリジかミントの花を散らし、
  ゆでたジャガイモかマッシュポテト、グリーンピースを
  添えて出す。

＊ p.42参照

チャービルの
かわりに…
ディル、ミント、
レモンバームでも

左から：ハーブいろいろ、ドライフラワー、ラベンダー

オレガノとフェンネルの グラタン

分量：2人分
調理時間：35〜40分

フェンネルの鱗茎（フィノッキオ）1個｜
新タマネギ…3個（刻む）｜バター…25g｜小麦粉…大さじ2｜
牛乳…350㎖｜オレガノ…大さじ2（刻む）｜
熟成チェダーチーズ…100g（削る）｜白パン…2切れ（パンの耳は切りおとす）

最初はセージでこのレシピを
つくるつもりでしたが、
フェンネルのマイルドで
やさしい風味が、
セージの力強い香りに
圧倒されてしまい、
セージとチーズ料理の
取り合わせもいまいちでした。
いっぽうのオレガノは、
イタリアンな風味が意外にも
フェンネルとよくマッチし、
クリーミーでこくのある、
繊細な1品になりました。

- オーブンを180℃に予熱する。
 フェンネルを洗い、根元と茎の上部を切り落とす。
 4つ割りして蒸し器に入れ、6、7分蒸す。
 やわらかくなったら蒸し器から取りだし、耐熱皿に並べる。
 フェンネルのまわりや上に新タマネギを散らす。

- 鍋にバターを入れて中火で溶かし、
 小麦粉を加えてかき混ぜ、なめらかなペースト状にする。
 牛乳をすこしずつ加えながら絶えずかき混ぜ、
 ホワイトソースをつくる。
 さらにオレガノとチーズの大半を加え、
 鍋底が焦げつかないようかき混ぜながら、
 ゆっくりと沸騰させる。
 ぐつぐつしてきたらすぐに火をとめ、
 耐熱皿のフェンネルの上にソースをかける。

- 白パンをフードプロセッサーで細かく砕き、
 残りのチーズとともにグラタンの上にかける。
 オーブンで20分焼く。
 もうすこし焦げ目をつけたければ、さらに5分焼く。
 グリーンサラダと堅焼きパンを添えて出す。

オレガノの かわりに…
バジル、チャイブ、
タラゴンでも

チキンとコリアンダーの
ドーブ

分量：4〜6人分
調理時間：2時間

小麦粉 | 塩 | 鳥もも肉(骨なし)…8切れ | オリーブオイル…大さじ2 |
タマネギ…1個(皮をむき、刻む) | マッシュルーム…150g(刻む) | セロリ…3本(刻む) |
アンチョビの缶詰(オリーブオイル漬け)…50g | ブランデー…大さじ3 |
チキンストック…600㎖ | コリアンダー…1束 | ザクロの実(好みで仕上げに飾る)

"ドーブ"とは、
シチューを意味するフランス語で、
通常はとても安価な肉でつくります。
ここで紹介するのは、
シンプルな材料ながら、
とても風味豊かなもの。
ブランデーがソースにコクを出し、
コリアンダーとセロリが
刺激的な風味を添えます。
ぼくのおすすめは、仕上げに
ザクロの実を散らすこと。
見た目が華やかで、食感が重く
なりすぎるのも抑えてくれますが、
もちろんなくてもかまいません。

● 皿に小麦粉を適量広げて、少量の塩で調味し、
鳥のもも肉にまんべんなくまぶす。
大きなキャセロールでオリーブオイルを中火で熱し、
鶏肉を入れて全体をこんがりときつね色に焼く。
何回かに分けて鍋に入れる必要があり、1回あたり
2、3分ずつかかる。こんがりと焼けたら取りだす。

● 必要に応じてオリーブオイルを鍋に注ぎ足し、
タマネギ、マッシュルーム、セロリを加えて、
塩ひとつまみで調味し、あまり焼き色をつけないよう
じっくりと5分加熱する。
野菜がやわらかくなったら、玉じゃくしで取りだす。

● オーブンを180℃に予熱しておく。空になった鍋に
アンチョビと缶の中のオイルすべて、ブランデーを加え、
中火で熱する。鍋底の焦げつきをこそげながらかき混ぜて、
アンチョビをドロドロに溶かし、アルコール分を飛ばす。
鶏肉と野菜を鍋に戻し、チキンストックを加えて沸騰させる。

● 火を止めて、鍋にフタをし、オーブンに入れて1時間20分
加熱する。オーブンから取りだし、コリアンダーを加え、
全体をよくかき混ぜる。
オーブンに戻し、さらに10分加熱する。
ライス、ジャガイモ、グリーンサラダを添えて出す。
好みでザクロの実を散らしてもよい。

**コリアンダーの
かわりに…**
タイム、バジル、
タラゴンでも

ポロネギとマッシュルームとタラゴンの "キッシュ"

分量：**4人分**
調理時間：**1時間5分**

バター…25g ｜ マッシュルーム…150g（刻む）｜ ポロネギ…大1本（刻む）｜
黒コショウ ｜ 卵…3個 ｜ 生クリーム…150㎖ ｜ タラゴン…2枝（刻む）｜
チェダーチーズ…75g（削る）

これは濃厚なトロトロの具だけで、
パイ生地を使わないので、
正式には"キッシュ"
ではありません。
生クリームやチーズが
まったく入っていなければ、
別の名前にしたほうが
よいのでしょうが、
これだけ乳製品を使っていると
やはりキッシュと呼ぶのが
最適でしょう。
名前はなんであれ、
肝心なのは味。
もちろん、とびきりおいしいです。

- オーブンを160℃に予熱する。
  大きめの鍋でバターを弱火で溶かし、
  マッシュルームとポロネギを加え、5分ほどいためる。
  軽く焼き色がつき、やわらかくなったら、
  ガラス製の深めの耐熱皿に入れ、黒コショウで調味する。

- ボウルに残りの材料をすべて入れ、
  フォークでよくかき混ぜて、耐熱皿に注ぐ。
  オーブンに入れ、中身が固まり、
  表面に軽く焼き色がつくまで1時間焼く。
  焼きあがったら4等分し、グリーンサラダを添えて出す。
  コールスローを添えても、
  とてもおいしい。

**タラゴンの
かわりに…**
バジル、チャービル、
オレガノでも

マスタード
フラワーの
かわりに…
タイム、ナスタチウム、
ウィンターサボリー
でも

オオムギとマスタードフラワーの
ビーフスープ

分量：4人分
調理時間：1時間10分

小麦粉…大さじ2 | 塩 | 黒コショウ | 牛肉…500g（角切り）| オリーブオイル…大さじ2 |
ニンジン…2本（皮をむき、大きめに切る）| セロリ…2本（大きめに切る）|
マッシュルーム…100g（切る）| 新タマネギ…3個（大きめに切る）|
カフィアライムリーフ（こぶみかんの葉）…2枚（刻む）|
マスタードの花…大さじ2（飾り用にもとっておく）|
赤ワイン…250㎖ | ビーフストック…500㎖ | 精白大麦…75g

温かいオオムギシチューは、
ぼくの冬の大好物。ビーフ入りで
ボリューム満点のこの1品なら、
どんなに寒い冬の日でも
元気がわいてくるでしょう。
マスタードが身体を温め、
カフィアライム（こぶみかん）が
シトラスの風味を加え、
しつこすぎる味になるのを
抑えます。密閉容器に入れて
冷蔵庫で保存可能です。
翌日温めなおすとさらに
おいしいので、大量につくり、
好きなときに食べましょう。

- オーブンを180℃に予熱する。
  小麦粉、塩、黒コショウ適量をボウルに入れて混ぜる。
  角切り肉を加え、肉全体に粉をまぶす。
  大きめの耐熱鍋にオリーブオイルを入れて強火で熱し、
  角切り肉を加え、肉全体に焼き色がついたら、
  玉じゃくしで取りだす。
  肉は1度に全部入れず、何度かに分けていためる。

- 鍋のオイルが少なくなったら注ぎ足し、中火にする。
  すべての野菜、カフィアライムリーフ、
  マスタードの花を鍋に入れて混ぜ、フタをして、
  やわらかくなるまで10分ほど蒸し煮する。
  いためた肉を鍋に戻し、
  赤ワインを加えて全体をよく混ぜ、沸騰させる。

- ビーフストックと大麦を加え、フタをして沸騰させる。
  鍋の煮汁がかなり少なく、スープらしく見えなければ、
  ビーフストックを適量注ぎ足す。
  味をととのえたら、ぐつぐつ煮立つ鍋を
  オーブンに入れて45分加熱する。

- 熱々のスープに堅焼きパンと有塩バターを添えて出す。

アプリコットとタイムの
チキンパイ

分量：6〜8人分
調理時間：1時間5分

小麦粉（打ち粉用） | ショートクラストペーストリー ※…500g | オリーブオイル…大さじ1 |
ポロネギ…大1本（みじん切り） | 鶏ムネ肉…600g（ぶつ切り） |
タイム…大さじ2（刻む） | 生ソーセージ…6本 | 塩 | 黒コショウ |
ドライアプリコット…150g | 牛乳（てり出し用）

伝統的なプラウマンズタルト
（農夫のタルト）を現代風に
アレンジした1品。
冷めてから分厚く切るのが、
いちばんおいしい食べ方です。
アプリコットが
チャツネがわりになるので、
調味料をあれこれ
加える必要はありません。
新ジャガイモやグリーンサラダ、
たっぷりのマヨネーズを
添えてもおいしいです。

- オーブンを180℃に予熱する。打ち粉（小麦粉）をした清潔な調理台の上にショートクラストペーストリー ※をのせ、できるだけ薄くのばす。直径30cmのパイ皿にしきこみ、ふちからはみ出した分は切りとる。残った生地はとっておく。

- オリーブオイルを鍋に入れて弱火で熱し、ポロネギを加え、ときどき混ぜながら、ほんのりきつね色になるまで5分ほどいためる。

- 鶏肉とタイムを大きめのボウルに入れる。ソーセージの肉を皮からしぼりだし、ボウルに加える。塩を多めにひとつまみ入れ、あらびき黒コショウをたっぷりと加える。スティックブレンダーで撹拌し、どろどろのペースト状にする。大きな塊がなくなったら、ポロネギを木製スプーンで混ぜこむ。

- スプーンで肉をすくってパイ皿に入れ、均一にならす。アプリコットを半分に切り、肉の上に同心円状に散らす。残ったショートクラストペーストリー ※を細いヒモ状にのばし、パイの上に格子状にゆるく編みこんで飾る。ヒモの部分にハケで牛乳をぬる。

- オーブンで30分焼き、160℃に下げてさらに30分焼く。

- パイ皿に入れたままパイを冷まし、切り分ける。密閉容器に入れて冷蔵庫で保存すれば、4、5日は保存できる。

※ ビスケットのようなほろっとした食感のパイ生地。
　イギリスではのばして焼くだけの手軽なものが売られているが、日本では手に入りにくいので、参考までにつくり方を記す。
　できあがり…約500g　小麦粉…300g（冷やしておく）、塩…小さじ½、無塩バター…120g（冷やして1cmの角切り）、ラード…30g（冷やして1cmの角切り）、卵黄…1個分、冷水…大さじ2〜3

- ボウルに小麦粉と塩をふるい入れ、バターとラードを加え、ナイフでさらに切り刻む。フードプロセッサーで切り混ぜてもよい。粉をまぶし、指先で手早くこすり合わせながら混ぜ、さらさらのパン粉状にする。
- さらに卵黄と冷水を加えて混ぜあわせ、手でひとまとめにする。ラップでくるみ、冷蔵庫で最低1時間寝かせる。

タイムの
かわりに…
ローズマリー、チャイブ、
タラゴンでも

トルコ風
ゆっくりローストポーク

分量：4〜6人分
調理時間：6時間10分

豚の肩肉（皮つき）…700g〜1kg | クミンシード…小さじ1 | コリアンダーの葉（乾燥）…小さじ1 |
塩 | バターナッツカボチャ…1個 | ショウガのすりおろし…小さじ2 | クミンシード…小さじ1 |
コリアンダー…大さじ2（刻む、飾り用にもとっておく）| オリーブオイル | ロゼワイン…125㎖ |
小麦粉…大さじ山盛り1 | チキンストック…150〜200㎖

カリカリに焼いた
ローストポークの皮は、
日曜日のランチの
最高のごちそう。
このレシピなら、まちがいなく
カリカリの皮に仕上がります。
このスパイスの
組み合わせは、
トルコのイスタンブールを
旅したときに
クミン味のくん製魚を食べて、
ひらめいたもの。
オーブンから漂う香りを
かいだとたん、
イスタンブールに
逆戻りした気分でした。
とにかく皮がカリカリで、
肉はジューシー、カボチャの
皮もむかなくてよいという、
手間いらずのローストです。

- オーブンを160℃に予熱する。よく切れるナイフで豚肉の皮に浅く切り目を入れ、大きな耐熱皿にのせる。クミンシード、ドライコリアンダー、塩ひとつまみをすり鉢ですり混ぜて、豚の皮にすりこむ。切れ目にも念入りにすりこむこと。豚肉をオーブンに入れ、5時間焼く。肉のことは忘れて、散歩に行くか、昼寝でもする。

- カボチャの準備をする。皮をむく必要はなく、ヘタとおしりの部分を切り落とし、縦半分に切ってタネを取り、角切りにする。豚肉を5時間焼いたら、肉のまわりにカボチャを並べ、ショウガ、クミンシード、生のコリアンダーを散らす。肉汁が少なすぎるようなら、少量のオリーブオイルを足し、全体に肉汁をかけて、さらにオーブンで1時間焼く。

- 豚肉だけを取り出して皿にのせ、アルミホイルで覆う。食卓に出すまで、カリカリの皮を食べるのは我慢すること。カボチャの入った耐熱皿をコンロにのせ、強火にかける。ロゼワインを加え、底の焦げつきをこそげて煮溶かす。沸騰したら2、3分煮つめ、小麦粉を加える。ダマにならないようよくかき混ぜたら、チキンストックを少しずつ加えてのばし、グレービーソースを好みのとろみ加減に仕上げる。

- 豚肉を切り分け、カボチャとグレービーソースを添え、コリアンダーを散らす。好みでグリーンサラダを添えてもよい。

コリアンダーの
かわりに…
イタリアンパセリ、
ハイビスカス、
レモンタイムでも

左上から時計回りに：チェリー、ラベンダーとバジルとパースレイン、ミント、バラ

マッシュルームとチャービルの
クリームシチュー

分量：4人分
調理時間：30〜35分

オリーブオイル…大さじ2	マッシュルーム…250g（切る）	冷凍グリーンピース…50g
タマネギ…1個（皮をむき、みじん切り）	赤ピーマン…1個（タネをとり、切る）
オレンジパプリカ…1個（タネをとり、切る）	チャービル…大さじ2（刻む）	塩	黒コショウ
小麦粉…大さじ1	野菜のストック…200㎖	ホースラディッシュソース…小さじ1
ウスターソース…大さじ1（好みで）	生クリーム…100㎖

シチューときくと、
目新しくもなんともありませんが、
これはおどろくほど小粋な1品。
ぴりっと辛いホースラディッシュ
（西洋ワサビ）が、隠し味として
濃厚なクリームを引きしめ、
カラフルな野菜が月並みな
茶色いシチューとは
見た目にも差をつけます。
シチューは1日おくと
さらにおいしいので、全部食べず、
翌日のランチに温めなおして
楽しみましょう。

● 大きな鍋にオリーブオイルを入れ、中火にかける。
マッシュルーム、グリーンピース、タマネギを加え、
フタをして5分加熱する。
赤ピーマン、パプリカ、チャービル、塩、黒コショウ少々を
加えて混ぜ、フタをしてさらに5分加熱する。

● 小麦粉を鍋に入れ、ダマにならないよう
かき混ぜてよく溶かす。
野菜のストックを注ぎ、ホースラディッシュソースと
好みでウスターソースを加える。
フタをして、弱火で20分ほどコトコト煮て、やや煮つめる。
最後に生クリームを加え、沸騰させないように温める。
ライスかマッシュポテトを添えて、できたてをいただく。
残ったシチューはミキサーにかければ、
翌日もおいしいスープとして楽しめる。

**チャービルの
かわりに…**
バジル、タラゴン、
ナスタチウムでも

マッシュルームとタラゴンソースの
ビーフステーキ

分量：2人分
調理時間：10〜15分

バター…50g ｜ マッシュルーム…50g（みじん切り）｜
タラゴン…大さじ1（刻む）｜ 塩 ｜ 黒コショウ ｜ 小麦粉…大さじ1 ｜
牛乳…250㎖ ｜ 牛ランプ肉（ステーキ用）…500g×2枚

おなかがいっぱいになる夕食を
ほんの数分でつくりたいときも
あるものです。そんなときに
うってつけなのが、ステーキ。
肉をごく短時間
フライパンで焼き、中は
ピンク色で血がしたたるような
焼き加減がぼくの好みですが、
もちろん焼き方は
あなた次第です。
クリーミーでこくのあるソースと
タラゴンのぴりっとした辛味が、
力強い肉の味を引き立てます。
なによりも短時間で
つくれるのが魅力的です。

- 鍋でバターを溶かし、マッシュルーム、タラゴン、
  塩、黒コショウ適量を加える。
  マッシュルームがやわらかく、
  きつね色になるまでじっくり4、5分いためる。
  小麦粉を加え、よく混ぜあわせる。

- さらに牛乳を少しずつ加えながら絶えずかき混ぜ、
  すべての牛乳を注いだら、ゆっくりと沸騰させる。

- 厚底のフライパンをよく熱し、
  油をひかずにステーキ肉を入れ、好みの加減に焼く。
  片面あたり、レアなら1分半〜2分、ミディアムなら3分、
  ウェルダンなら4分を目安に。
  ステーキを皿にのせて、ソースをかけ、サヤインゲンやサラダ、
  大きめのフライドポテトを添えて出す。

**タラゴンの
かわりに…**
ボリジ、チャイブ、
イタリアンパセリでも

マジョラムの
かわりに…
セージ、バジル、
タイムでも

ソーセージと
白豆のシチュー

分量：4〜6人分
調理時間：1時間

バター…25g ｜ ポロネギ…小1本(切る) ｜ 生ソーセージ…6本 ｜
赤ピーマン…1個(タネをとり、切る) ｜ マジョラム…大さじ1(刻む) ｜ 赤ワイン…125㎖ ｜
ビーフストック…200㎖ ｜ トマトピューレ…大さじ1 ｜
白豆の水煮缶(白インゲンマメなど)…400g(水切りする) ｜ 塩 ｜ 黒コショウ

**地味な材料ばかりですが、
ぜひとも大量につくり、
テーブルの真ん中に
鍋ごと置いて、
ゲストに自由に取って
食べてもらいましょう。
ストックを多めに入れれば、
具だくさんのスープになります。
有塩バターを塗った
フランスパンがよく合いますが、
シチューだけでももちろん
おいしくいただけます。**

- 厚底のキャセロールにバターを入れ、中火で熱する。
  バターが溶けたらポロネギを入れ、1分加熱する。
  ソーセージの皮を切り、中身をしぼり出して鍋に加える。
  かき混ぜながら、ソーセージをややくずし、
  焼き色がついたら赤ピーマンとマジョラムを加える。

- 10分ほどいためて、ソーセージによく火が通り、
  赤ピーマンがやわらかくなったら、赤ワインを加えて
  強火で煮立たせ、汁を煮つめる。
  汁気がなくなったら、ビーフストック、トマトピューレ、白豆、
  塩ひとつまみ、黒コショウを多めに加える。
  全体をよく混ぜ、フタをして、弱火でコトコト45分煮る。

- 焼いたサツマイモと好みのグリーンサラダを添えて出す。
  あえて少し残して冷蔵庫に入れておけば、
  翌日はさらにおいしく食べられる。

ラム肉とミントの
ハンバーグ

分量：4人分
調理時間：6〜8分

ラムひき肉…600g｜リンゴ…1個（皮をむき、芯をとり、すりおろす）｜
タマネギ…1個（皮をむき、すりおろす）｜ミントの葉…大さじ2（刻む）｜
塩｜黒コショウ｜オリーブオイル…大さじ1

ローストラムにミントソース
といえば、日曜日の食事の
伝統的な取り合わせ。
となれば、ラムとミントの
フレーバーがハンバーグでも
よく合うのは当然です。
リンゴを加えることで
パティが甘くジューシーになり、
ミントが大きなハンバーグに
さわやかな風味を加えます。
ハンバーグのたねは、
ゲストが来る数時間前につくり、
冷蔵庫に入れておきます。
いちど焼いたら、
翌日は冷たいままでも
おいしくいただけます。

- ラムひき肉、すりおろしたリンゴとタマネギ、ミント、
  塩、黒コショウ少々を大きめのボウルに入れ、
  清潔な手でこねながらよく混ぜる。
  4等分して、それぞれを小判型に丸める。
  このパティをボウルに戻し、
  少量のオリーブオイルをたらしてアルミホイルで覆い、
  冷蔵庫で最低30分冷やし固める。

- 厚底のフライパンを強火で熱して、ハンバーグを入れ、
  6〜8分焼く。裏返して焼きながら、
  フライ返しで押しつけ、ハンバーグの脂をしぼりだす。
  両面ともこんがり焼けたら、皿に盛り、グリーンサラダ、
  パン、ポテトサラダ、好みのソースを添えて出す。

ミントの
かわりに…
ローズマリー、レモンタイム、
チャイブでも

バターナッツカボチャとカレンデュラの
マカロニチーズ

分量：5〜6人分
調理時間：50分〜1時間

バターナッツカボチャ…1kg（皮をむき、タネをとり、角切り）| オリーブオイル |
マカロニ…300g | バター…25g | 小麦粉…大さじ1と½ |
ニンニク…2片（皮をむき、みじん切り）| 牛乳…500㎖ | カレンデュラの花…大さじ2（刻む）|
ディジョンマスタード…大さじ1 | 熟成チェダーチーズ…150g（すりおろす）| パン粉…50g

イギリスの伝統料理を
おしゃれにアレンジした1品です。
チーズとマカロニといえば、
だれもが好きな組み合わせ。
この勝利の方程式を
いじりすぎず、
2つだけ食材を足しました。
焼いたカボチャがほのかな
ナッツの風味をかもし、
カレンデュラがピリッとした
刺激的な調味料に。
この2つでベージュ一色の
料理に色あざやかな
アクセントをつけました。
カラフルで心なごむ1皿です。

- オーブンを200℃に予熱する。
  カボチャを耐熱皿に入れ、オリーブオイルを適量かける。
  オーブンに入れ、こんがりと焼き色がつくまで20〜25分焼く。

- 大きい鍋で水を沸騰させ、オリーブオイル少々をたらし、
  マカロニを袋の表示どおりゆでる。
  ゆであがったら湯をよく切る。

- 大きめの鍋でバターを溶かし、小麦粉とニンニクを加え、
  よくかき混ぜてペースト状にする。
  牛乳を少しずつ加えながら絶えずかき混ぜ、
  なめらかなホワイトソースをつくる。

- カレンデュラの花、マスタード、
  チーズ（上にのせる分を少々残しておく）をソースに加えて、
  かき混ぜながらチーズを溶かし、ゆっくりと煮立たせる。
  マカロニを加え、火にかけたままよくからめる。

- 20㎝×25㎝の耐熱皿にカボチャをうつし、
  マカロニとソースを入れる。
  皿の中で全体を混ぜあわせ、パン粉と残りのチーズを
  上にかける。こんがりと焼き色がつき、
  ぐつぐつするまで、オーブンで30〜35分焼き、
  できたてをいただく。

カレンデュラの
かわりに…
オレガノ、タイム、
ローズマリーでも

マグロのしょうゆステーキと
ニンジンとパンジーのサラダ

分量：4人分
調理時間：5分

ニンジン…200g（皮をむく） | キャベツ…200g | コリアンダー…大さじ4（刻む） |
パンジーの花…大さじ4 | オリーブオイル…大さじ2 | しょうゆ…大さじ2 |
マグロの切り身（刺身用）…4切れ |
ドレッシング：ライム果汁…2個分 | 魚醤（ぎょしょう）…大さじ2 |
ごま油…大さじ2 | しょうゆ…大さじ4

コリアンダー、ごま油、しょうゆという東洋風のフレーバーに、普通なら庭のパンジーを加えたりはしないでしょう。しかし、ここでは味よりもむしろ、ニンジンとの色あざやかなコントラストを楽しむために入れました。
ニンジンとパンジーのコンビは、わずかに甘くて口当たりがよく、サラダの具材というよりもドレッシングのよう。
強烈な東洋のフレーバーともよく調和し、みごとなハーモニーを奏でています。
本当に手軽につくれる1品です。

- スライサーかピーラーか包丁で、ニンジンとキャベツを千切りにする。ニンジン、キャベツ、コリアンダーを4つの皿にきれいに盛り分け、パンジーの花を飾る。

- ドレッシングの材料すべてをビンに入れ、フタをしてよく振り混ぜる。1分ほど置き、味をなじませる。

- オリーブオイルとしょうゆを混ぜたタレをマグロによくからめる。厚底のフライパンを強火でよく熱し、マグロを入れて片面1、2分ずつ焼く。表面にこんがりと焼き色をつけるが、中は生の状態に仕上げる。マグロを好みで切って皿に盛り、サラダにドレッシングをかけて出す。

パンジーの
かわりに…
バジル、ボリジ、
ナスタチウムでも

デザート

　あなたが1クオーター（4分の1ポンド）のお菓子を最後に買ったのはいつでしょう？　おそらく9歳ぐらい、お小遣いでようやくルバーブ・アンド・カスタード味のキャンディが買えるようになったころ。お店の人がビンを傾けてキャンディをコトンコトンと秤に落とす音を聞きながら目をつむり、どうかおまけしてもらえますようにと祈ったことでしょう。そして、甘いキャンディをなめだして止まらなくなり、1日で全部なめてしまったのではないでしょうか。でも、大人になった今ではおいしい高級デザートの味を知り、味の好みもすっかり変わって、もうあのときのキャンディを1袋平らげることはできないかもしれません。

　ハーブや花は、デザートづくりにも重宝します。レッドカラントにローズマリー、イチゴにタイム、チェリーにバジルを加えると、いままで気づかなかったフルーツの風味が引き出されます。食欲をそそる風味も加わり、いつものデザートがひと味もふた味も違う魅力的なスイーツに変身します。

グズベリーとミントの
メレンゲパイ

分量：**6人分**
調理時間：**50分**

小麦粉（打ち粉用） | ショートクラストペーストリー＊…500g | グズベリー（生または缶詰）…300g
砂糖…150g | ミント…2枝（刻む） | バター…100g | 卵黄…4個分
レモン汁とすりおろしたレモンの皮…2個分 | コーンスターチ…25g
メレンゲ：卵白…4個分 | グラニュー糖…200g

フルーツの缶詰は
今どきあまり流行りませんが、
パイを焼くときは、フィリングが
生かどうかはまったく
関係ありません。
焼いてしまえば、どのみち
同じように見えるからです。
生のグズベリー
（セイヨウスグリ）は、
昨今とても入手しにくく
（なにしろ枝にトゲが多くて
収穫しづらく、農家の人が
育てたがらないのです）、
かたやミントはほぼ
1年中とれるので、
真夏でなくてもこのパイを
つくってみてください。
ぼくは、とくに秋に
よくつくります。
だんだん日が短くなるこの時期、
グズベリーの鋭い酸味と
ミントのすがすがしさが、
心身に活力を
与えてくれるからです。

- オーブンを180℃に予熱する。キッチンの作業台に軽く打ち粉をして、のし棒でショートクラストペーストリー＊を直径22cmほどの円形に薄くのばし、直径20cmのパイ皿にのせる。生地を皿に押しつけ、ひび割れをふさぐ。パイ皿の上でのし棒を転がし、はみだした生地を切り落とす。生地の上にオーブンシートを敷き、重石（タルトストーンや乾燥豆、米など）をのせて、オーブンで15分空焼きする。オーブンシートと重石をはずして、さらに10分焼く。

- フィリングをつくる。生のグズベリーを使うなら、水で洗い、ヘタをとる。缶詰なら水切りする。グズベリー、砂糖、ミント、バター、卵黄、レモンの皮と果汁を鍋に入れ、弱火にかける。バターが溶けて、ぐつぐつしだしたら、鍋から大さじ2、3杯の汁をボウルにとり、コーンスターチを加え、泡だて器でよくかき混ぜて、なめらかなペースト状にする。これを鍋に戻し、全体をよくかき混ぜる。汁が飛ぶので注意すること。煮立たせて、パイ生地に流しこみ、冷ます。

- メレンゲをつくる。清潔で乾いたボウルに卵白を入れ、ハンドミキサーでゆっくり泡立てながら、グラニュー糖を少しずつ加えていく。8分ほど泡立てると、もったりとしてつやのあるメレンゲになる。しっかりと角が立てば、できあがり。スパチュラですくって、メレンゲの泡をつぶさないよう丁寧にグズベリーの上にのせ、表面に角を立てる。グラニュー糖（分量外）少々を振る。

- パイをオーブンに入れて、25分焼く。メレンゲの表面にうっすらと焼き色がつき、押してみて弾力があれば、焼きあがり。生クリームをたっぷり添えて、すぐにいただく。

＊ p.102参照。菓子用の生地なので、砂糖大さじ2を小麦粉、塩とともにふるい入れる。

ミントの
かわりに…
タイム、ローズマリー、
バラの花びらでも

ミントの
かわりに…
バラの花びら、ローズマリー、
スミレの花びらでも

ラズベリーとバラとミントの
ティラミス

分量：**6人分**
調理時間：**20分**

熱いアールグレイティー…300㎖ ｜ レディフィンガービスケット*…300g ｜
ラズベリー…250g ｜ 卵…4個（黄身と白身を分けておく）｜ ローズウォーター…小さじ2 ｜
ミント…大さじ2（刻む）｜ 砂糖…100g
バラの花びらの砂糖漬け(好みで)：バラの花びら ｜ 牛乳 ｜ グラニュー糖

イタリア人は
ハーブを上手に使いこなし、
緑のバジルを真っ赤な
完熟トマトと組みあわせたり、
土臭いセージを
ソーセージのキャセロール
料理に加えたりしますが、
なぜかデザートには
使わないようです。
そこで、イタリアの伝統的な
ティラミスからヒントを得た
このデザートにミントを加え、
活力あふれる
味わいにしました。
好みで、バラの花びらの
砂糖漬けを飾りましょう。
簡単につくれ、
見た目もゴージャスです。
もちろんなくてもかまいません。

- 紅茶をボウルに入れ、ビスケットを1、2分浸して、崩れないうちに取りだす。ビスケットの半量を大きなトライフルボウルか、6つの脚つきガラス皿に敷き、ラズベリーの半量をのせる。

- 別のボウルに卵黄、ローズウォーター、ミント、砂糖の半量を入れてハンドミキサーで撹拌し、白っぽくクリーミーになり、少なくとも2倍の量にふくらむまでかき混ぜる。5分ほどで、角が立つようになる。

- 清潔で乾いたボウルに卵白と残りの砂糖を入れて、ハンドミキサーで5分ほど泡立て、角を立てる。泡立てた卵黄と卵白を金属製スプーンで、なるべく泡をつぶさないようにやさしく混ぜあわせる。この半量をラズベリーとビスケットの上にかける。

- もういちど、残りのビスケット、ラズベリー、泡立てた卵の順に重ねる。冷蔵庫で1、2時間ほど冷やし固める。

- ゲストを驚かせたいなら、バラの花びらの砂糖漬けをぜひ添えて。天板にオーブンシートを敷き、洗ったバラの花びらを並べる。牛乳をハケで塗り、グラニュー糖を振りかけて、そのまま1時間ほど乾かす。食卓に出す直前にバラの花びらを飾る。

* 指のような細長い形をした、やわらかく甘い菓子

イチゴとルバーブとタイムの
スポンジケーキ

分量：6〜8人分
調理時間：35〜55分

バター…200g ┃ 卵…4個 ┃ 砂糖…200g ┃ タイム…大さじ1（刻む）┃
セルフレイジングフラワー＊…200g ┃ 牛乳（好みで）
フィリング：ルバーブ…100g（刻む）┃
イチゴ…50g（ヘタをとり、半分に切る、飾り用にもとっておく）┃ 砂糖…25g
バタークリーム：粉砂糖…250g ┃ 無塩バター…80g ┃ 牛乳…大さじ1 ┃
バニラエキストラクト…小さじ1

伝統的なビクトリア風
スポンジケーキを
大人向けにアレンジしました。
フルーツの甘さを
タイムが引き締めます。
夏のバルコニーパーティに
ぴったりのデザート。
紅茶か、すっきりした
辛口ロゼワインと一緒に
いただきましょう。

- オーブンを180℃に予熱する。
  深さ7cmの大きなケーキ型の内側にバター（分量外）を塗る。
  卵と砂糖をボウルに入れ、白っぽくクリーム状になるまで
  ハンドミキサーで撹拌する。さらにタイムとバターを加え、
  セルフレイジングフラワー＊をふるい入れて、なめらかになる
  まで撹拌する。生地が固すぎるようなら少量の牛乳を加える。
  生地をケーキ型に入れ、オーブンで35〜40分焼く。
  きつね色になり、押してみて弾力があり、
  ケーキが縮んで型から離れれば、焼きあがり。
  5分おいたら型から抜き、網にのせて冷ます。

- ケーキが冷めたら、フィリングをつくる。イチゴ、ルバーブ、
  砂糖を小鍋に入れ、絶えずかき混ぜながら強火で熱する。
  砂糖が溶け、フルーツがどろりとしてきたら、弱火にして、
  固めのジャム程度になるまで10分ほど煮つめる。

- ケーキを横半分に切る。下のケーキにフィリングをのせて広げ、
  上のケーキでサンドする。バタークリームの材料すべてを
  ボウルに入れて5分ほど撹拌し、バタークリームをつくる。
  最初はゆっくりと混ぜ、徐々にスピードを上げて、
  もったりとした白っぽいクリーム状にする。
  ケーキ全体にバタークリームを塗り、イチゴを飾る。

＊ p.46参照

**タイムの
かわりに…**
ラベンダー、ローズマリー、
レモンタイムでも

ココナッツとコリアンダーの
イートンメス

分量：4人分
調理時間：10分

パイナップル…400g（皮をむき、刻む） | 白ワイン…250㎖ |
生クリーム…100㎖ | ココナッツミルク…100㎖ | 粉砂糖…大さじ2 |
コリアンダー…大さじ2（刻む） | 焼きメレンゲ…6個

これは、シロップやクリームを
あらかじめつくっておき、
ゲストに出す直前に手早く
盛りあわせるだけの手軽なデザート。
器に盛る2、3時間前に
クリームを泡立てておけば、
ハンドミキサーの音をゲストに
聞かせずにすみます。
ここではメレンゲをいちからつくらず、
市販のものを使いましたが、
もちろん自分で焼けば、
インパクトも大。
パイナップルにココナッツミルクと
南国風味たっぷりですが、
しつこすぎず、思ったほど
甘ったるくありません。
おいしいデザートワインとともに
楽しみましょう。

- パイナップルを鍋に入れ、白ワインを注ぎ、中火にかける。
  どろりとしたシロップ状になるまで10分ほど煮る。
  火をとめて冷ます。

- 生クリーム、ココナッツミルク、粉砂糖を
  ハンドミキサーで7分ほど撹拌し、
  角が立つ一歩手前ほどのかたさに仕上げる
  （この手のごちゃまぜデザートの場合、
  クリームはやわらかめのほうがぼくの好み）。
  泡をつぶさないよう、金属製スプーンで
  コリアンダーをそっと混ぜこむ。

- 4つのボウルに焼きメレンゲを砕きいれ、スプーンで
  クリームをのせて、パイナップルシロップをたっぷりかける。
  すぐにいただく。

コリアンダーの かわりに…
ミント、ローズマリー、
レモンバームでも

バジルとチェリーの
蒸しスポンジプディング

分量：6人分
調理時間：6〜7分

バター…150g ｜ セルフレイジングフラワー＊…150g ｜
キビ糖…150g ｜ 卵…2個 ｜ 牛乳…大さじ1 ｜ アーモンドエッセンス…小さじ½ ｜
サクランボ…150g（タネをとる前の重量）｜
バジル…大さじ1と½（刻む、飾り用にも数枚とっておく）｜ ゴールデンシロップ…大さじ3

ぼくは、シロップたっぷりの
蒸しスポンジプディングを
食べるといつもほっとした
気分になります。
ここでは、
準備に何時間もかけず、
ほんの数分でできる、
じつに手軽でおいしい
レシピを紹介します。
日光をたっぷり浴びた
チェリーとバジルの
フレーバーが、冬のデザート
というイメージを
やわらげてくれます。
あまり気温の高くない
夏の日にぴったりの1品です。

● バター、セルフレイジングフラワー＊、砂糖、卵、牛乳、
アーモンドエッセンスをハンドミキサーで、なめらかになるまで
混ぜあわせる。サクランボのタネをとり、
適当な大きさに切る。サクランボとバジルを生地に加え、
金属製スプーンでやさしく混ぜこむ。

● 1リットル入りプディング型にバター（分量外）を薄く塗り、
ゴールデンシロップを底に流し入れる。つぎにプディング生地を、
シロップと混ざりすぎないよう注意しながらスプーンで入れる。
フタをして（フタがなければ、適度なサイズの皿でOK）、
電子レンジ（最大出力）で6分ほど加熱する。
ケーキがフタ近くまで膨らみ、さわってみて弾力があり、
中までナイフを刺してみて、なにもつかなければ、蒸しあがり。
まだなら、さらに1分加熱する。

● パレットナイフをプディング型のふちにさしいれてぐるりと回し、
プディングを型から離したら、型の上に皿を置き、片手で皿、
片手で型をそれぞれ押さえながらひっくり返し、皿にあける。
運がよければ、プディングが完ぺきな状態で取りだせる。
たまに型から出して、上の部分が完全に固まっていないことが
あるが、心配はいらない。もういちど型に戻し、
電子レンジで1分加熱すればよい。バジルの葉を飾り、
生クリームかクロテッドクリームを添えて、すぐにいただく。

＊ p.46参照

バジルの
かわりに…
ミント、タイム、
ローズマリーでも

ハニーサックルとブラックベリーの
チーズケーキ

分量：6人分
調理時間：15分

ハニーサックルの花…50g（飾り用にもとっておく） | グラニュー糖…大さじ1 | シナモン | ダイジェスティブビスケット※…150g | バター…100g（溶かしておく） | クリームチーズ…350g | 粉砂糖…50g | 生クリーム…300mℓ | ブラックベリー…150g | ハチミツ

ハニーサックルの花をつんで
蜜を吸ったり、
生け垣いっぱいに実った
ブラックベリーをつんで食べるのは、
田舎ならではささやかな楽しみ。
この2つの楽しみが
チーズケーキで合体しました。
クリームチーズのフィリングの上で
繰り広げられる、
真夏のフレーバーの共演です。
ハニーサックルの花の味は
かなり独特なので、
ここではシロップにしましたが、
ほかのハーブで代用するなら、
シナモンと一緒に生クリームに
直接混ぜこんでください。

- ハニーサックルの花、水100mℓ、グラニュー糖、シナモン少々を鍋に入れ、強火にかける。煮立ったら弱火にして、15分煮る。煮汁をこして花を捨てると、大さじ2程度のシロップができる。水分が多いようなら、ふたたび火にかけて煮つめる。冷ましておく。

- ダイジェスティブビスケット※を細かく砕き、バターを加えてよく混ぜる。底が抜けるケーキ型（直径20cm）にバター（分量外）を塗り、ビスケットを入れて、金属製スプーンの背でしっかり押し広げながら型の底に敷きつめ、ビスケット台をつくる。冷蔵庫に30分以上入れて、冷やし固める。

- クリームチーズ、粉砂糖、ハニーサックルのシロップ大さじ1、2杯をボウルに入れ、よく混ぜあわせる。別のボウルで生クリームをふんわりと泡立て、金属製スプーンでクリームチーズにやさしく混ぜこむ。これをビスケット台の上に流し入れてならしたら、ブラックベリーとハニーサックルの花を飾り、ハチミツをたらす。冷蔵庫で2日ほど保存できる。

※ 全粒粉でつくる、甘みを押さえたビスケット。

ハニーサックルの
かわりに…
ミント、レモンタイム、
レモンバームでも

左上から時計まわりに：ハーブいろいろ、ハーブいろいろ、タイムとソレル、ハイビスカス

レモンタイムの
かわりに…
ローズマリー、タイム、
マジョラムでも

レモンタイムとジンジャーの
クランブル

分量：4～6人分
調理時間：45分

小麦粉…300g ｜ デメララ糖＊…175g ｜ バター…200g（室温に戻しておく）｜
洋ナシ…3個（芯を抜き、切る）｜ ネクタリン…3個（タネをとり、切る）｜
ショウガの砂糖漬け…大さじ2 ｜ レモンタイム…大さじ1（刻む）

クランブルは、
カリカリのトッピングと
熱々のフルーツのみごとな
組み合わせで、老若男女に
愛されている不朽のデザート。
ぼくはフルーツに
やや歯ごたえを残したいので、
フルーツだけ先に
加熱したりはしません。
ショウガの砂糖漬けが
どろりとした甘いシロップに
溶けこむところが、
このデザートの醍醐味。
お好みで、クランブルの上に
さらにショウガの砂糖漬けを
振りかけても結構です。

● オーブンを180℃に予熱する。
小麦粉、デメララ糖＊、バターをボウルに入れ、
指先でこすりあわせるようにしながら、
ポロポロのパン粉状にする。
冷蔵庫に10分入れて、冷やし固める。

● フルーツを準備する。
洋ナシとネクタリンを直径20cmの耐熱皿に入れ、
ショウガの砂糖漬けとレモンタイムを散らす。
皿の中で全体を混ぜあわせる。

● フルーツの上にクランブルの生地をのせ、
オーブンで45分焼く。
クランブルにこんがりと焼き色がつき、
皿のふちでフルーツがぐつぐつしてきたら、焼きあがり。
器に盛り、生クリームかカスタードクリームを
ひとすくいかけて、すぐにいただく。

＊ p.42参照

レッドカラントとローズマリーの
ダブルチョコレートブラウニー

分量：12個
調理時間：35〜45分

バター…300g | ブラックチョコレート…400g | 卵…5個 | 砂糖…400g |
セルフレイジングフラワー＊…100g | ココア…25g |
レッドカラント…50g（茎を取りのぞく）|
ホワイトチョコレート…100g（粗く砕く）| ローズマリー…1枝（葉のみ）

よいブラウニーのしるしは、
中がとろりとしていること。
生焼けでなく、
ケーキのように中までしっかり
固まっていては、悲しすぎます。
このレシピなら、
とろりととろける
理想的なブラウニーが
失敗なくつくれるはず。
ぼくはレッドカラントと
ローズマリーを入れ、
ただのチョコレート味ではない
大人っぽさも
演出してみましたが、
シンプルに甘いものが
欲しければ、この2つは
省いてもかまいません。

- オーブンを180℃に予熱し、
30cm×20cmの耐熱性の角皿にバター（分量外）を塗る。
ブラックチョコレートを耐熱性のガラスボウルに割りいれ、
バターを加える。沸騰させた鍋の上にボウルを置き、
ボウルの底が湯につかないよう気をつけながら、
チョコレートとバターを溶かし混ぜる。
あるいは、ボウルごと電子レンジに入れて溶かしてもよいが、
焦げないよう注意する。

- 卵と砂糖を白っぽくふんわりするまでよく撹拌する。
セルフレイジングフラワー＊とココアをふるいいれ、
金属製スプーンでよく混ぜあわせる。
さらに溶かしたチョコレートを静かに混ぜこみ、レッドカラント、
ホワイトチョコレート、ローズマリーの葉も混ぜる。

- これをバターを塗った耐熱皿にスプーンですくいいれ、
オーブンで30〜35分焼く。
表面はパンの耳のように焼き固めるが、中はほんのすこしだけ
固まりかけて、まだどろりとした状態に仕上げる。
皿に入れたまま数分冷ましたら、四角く切って取りだし、
網の上でさらに冷ます。
いちどに全部食べてしまわずに、すこしずつ楽しみたい。

＊ p.46参照

ローズマリーの
かわりに…
ミント、タイム、
バジルでも

ウィンターサボリーの
かわりに…
ローズマリー、ハイビスカス、
レモンタイムでも

ウィンターサボリーの
ウィンターフルーツサラダ

分量：**4人分**
調理時間：**10分**

バター…25g｜ハチミツ…大さじ2｜ウィンターサボリー…2枝（葉のみ）｜
シナモン…ひとつまみ｜洋ナシ…4個（芯をとり、スライス）｜
リンゴ…4個（芯をとり、角切り）｜タネなし黒ブドウ…50g（半分に切る）｜
赤ブドウ…50g（半分に切る）｜ザクロの実…1個（ほぐしておく）｜
グラン・マルニエ…大さじ3

ウィンターサボリーは、
なじみの薄いハーブですが、
生野菜といえばもっぱら
キャベツや根菜という
冬の時期には、できるかぎり
多くのフレーバーを
加えたいものです。
ピリっとした刺激的な
風味がありますが、
加熱すると弱まるので、
弱火でコトコト煮るのが、
風味を保つコツです。

- バター、ハチミツ、ウィンターサボリーの葉、
  シナモンを大きな鍋に入れ、中火にかける。
  すべてが溶けて混ざったら、洋ナシ、リンゴ、ブドウ、
  ザクロを加え、シロップをフルーツ全体によくからめる。

- さらにグラン・マルニエを加え、弱火で5〜7分煮る。
  フルーツにやや歯ごたえを残すこと。
  温かいままでも、冷やしてもよい。
  どちらでも、バニラアイスを添えるとおいしい。

ハイビスカスとオレンジの
カスタードタルト

分量：6〜8人分
調理時間：1時間5分

小麦粉（打ち粉用）｜ショートクラストペーストリー＊…500g｜
フィリング：牛乳…300㎖｜生クリーム…200㎖｜すりおろしたオレンジの皮…1個分｜
オレンジフラワーウォーター…小さじ2、またはオレンジ果汁…½個分｜卵…2個｜
卵黄…2個分｜砂糖…100g｜ハイビスカスの花…6つ

ハイビスカスの花には
驚くほど刺激的な風味があるので、
デザートだけでなく、
肉料理にもよく合います。
メキシコ人はエンチラーダ
（トルティーヤで肉を巻いたもの）
に使いますが、
ぼくはこの花でイギリス伝統の
カスタードタルトにスパイシーさを
加えてみました。
カスタードのやわらかさが、
ハイビスカスのぴりっとした
辛味とよく合います。
見た目もかわいいので、
ゲストにもきっと喜ばれるでしょう。

- オーブンを200℃に予熱する。
  キッチンの作業台に軽く打ち粉をして、
  のし棒でショートクラストペーストリー＊を直径22㎝ほどの
  円形に薄くのばし、直径20㎝のパイ皿にのせる。
  生地を皿に押しつけ、パイ皿の上でのし棒を転がし、
  はみだした生地を切り落とす。
  生地の上に丸く切ったオーブンシートを敷き、
  重石（タルトストーンや乾燥豆、米など）をのせて、
  オーブンで15分空焼きする。オーブンシートと重石を
  はずして、さらに5分焼く。冷ましておく。

- ハイビスカス以外のフィリングの材料すべてを大きめの鍋に
  入れ、中火にかける。絶えずかきまぜながら砂糖を溶かし、
  ゆっくりと煮立たせて、やや煮つめる。
  3〜4分加熱してスプーンの背にカスタードがべったりと
  つくようになったら、タルト生地に流し入れる。
  カスタードの上にハイビスカスの花を飾り、
  オーブンで40分焼く。
  カスタードがきつね色になり固まったら、焼きあがり。
  生クリームかアイスクリームを添えて、できたてをいただくか、
  冷やしてから出す。

＊ p.102参照。菓子用の生地なので、砂糖大さじ2を小麦粉、塩とともにふるい入れる。

**ハイビスカスの
かわりに…**
ラベンダー、バラ、
ローズマリーでも

ピーナッツバターと
オレガノのクッキー

分量：12〜14枚
調理時間：12〜15分

バター…175g（溶かしておく）｜小麦粉…250g｜重曹…小さじ½｜
キビ糖…300g｜ゴールデンシロップ…大さじ1｜卵…1個｜
粒入りピーナッツバター…大さじ2｜オレガノ…大さじ1（刻む）｜
牛乳…大さじ1（必要に応じて）｜無塩ピーナッツ（トッピング用）

ピーナッツにオレガノ
という組み合わせは、
聞いたことがありませんが、
オレガノのソフトな香りが
ピーナッツバターの塩気や
シロップの甘みと
うまく調和するような気がして
試してみました。
われながら驚くほど
おいしいクッキーです。
中がとろりとして、
かみごたえがあり、
これまでにない繊細な味わい。
4時のティータイムの
おともにどうぞ。

- オーブンを180℃に予熱する。
  天板にバター（分量外）を薄く塗る。
  牛乳と無塩ピーナッツ以外の材料すべてを
  フードプロセッサーに入れ、よく混ぜあわせる。
  やや水分が足らず、生地が固すぎるようなら、
  少量の牛乳を加えて、ふたたび混ぜる。
  清潔な手で生地を12〜14個に分けて、
  丸くのばし、天板にのせる。
  生地にピーナッツを2、3個ずつ押しこんで飾る。

- オーブンで12〜15分焼き、きれいな焼き色をつける。
  中はややとろりとした状態に仕上げたいので、
  焼きすぎないこと。
  網にのせて冷ます。
  いちどに全部食べきれなければ、
  密閉容器で3、4日は
  保存できる。

**オレガノの
かわりに…**
ミント、バジル、
レモンタイムでも

スミレのスコーン
ハチミツクリーム添え

分量：12個
調理時間：12〜15分

バター…50g ｜ セルフレイジングフラワー＊…225g ｜ 砂糖…25g ｜
牛乳…150㎖ ｜ バニラエキストラクト…小さじ1 ｜
スミレの花…3つ（刻む、飾り用にも花びらをとっておく）｜
クロテッドクリーム…100g ｜ ハチミツ…大さじ2

ぼくはパルマスミレの
石けんのような香りが
苦手ですが、
スミレの花を控えめに使い、
このレシピのように
焼いてしまえば、
あの強烈な香りがほのかに香る
粋な香りに変身します。
このレシピで
本当の甘みを添えるのは、
ハチミツ入りの
クロテッドクリーム。
ジャムやバターがいらないくらい、
こってりとしたリッチな
味わいです。
根っからの甘党なら、
レモンカードをかけるのも
おすすめです。

● オーブンを225℃に予熱する。天板にバター（分量外）を
薄く塗る。セルフレイジングフラワー＊、バター、砂糖を
フードプロセッサーに入れ、ポロポロのパン粉状になるまで
混ぜる。さらに牛乳とバニラエキストラクトを加えてよく混ぜ、
しっかりとした生地に練りあげる。
最後にスミレの花を入れ、生地に軽く混ぜあわせる。

● キッチンの作業台に軽く打ち粉（セルフレイジングフラワー＊、
分量外）をして、生地をおき、生地の上にも軽く打ち粉をする。
のし棒で2㎝厚さくらいに生地をのばし、
直径5㎝の抜き型で抜き、天板に並べる。
残った生地を丸めてふたたびのばし、抜き型で抜く。
生地がなくなるまでこの作業をくりかえす。
生地を何度ものばしすぎると、スコーンが固くなるので、
注意すること。生地の上にハケで牛乳（分量外）をぬり、
焼き色がつくまでオーブンで12〜15分焼く。
網にのせて冷ます。

● スコーンを食べる直前にクロテッドクリームを
小さな器に入れて、ハチミツを軽く渦巻き状に混ぜあわせ
（完全に混ぜてしまわないこと）、スミレの花びらを散らす。
スコーンを割り、クロテッドクリームをたっぷりのせていただく。

＊ p.46参照

スミレの
かわりに…
ラベンダー、ローズマリー、
バラの花びらでも

ハチミツとバジルの
焼きナシ

分量：**4人分**
調理時間：**20分**

洋ナシ…4個 | サルタナレーズン（黄金色、または暗褐色）…大さじ2 | キビ糖…大さじ2 | 大きめのバジルの葉…3枚（手でちぎる） | ハチミツ…小さじ4 | デメララ糖*

焼きリンゴは、1970年代に流行した定番のデザートですが、昨今はすたれ気味です。洋ナシとバジルで今風にアレンジしましたが、それでもどこか懐かしく、ほっとする味がします。ぼくは見た目がかわいい黄金色のサルタナレーズンだけを使いましたが、もちろんどんなドライフルーツでもOK。ドライクランベリーでもおいしくつくれます。

● オーブンを180℃に予熱する。
洋ナシを洗い、リンゴの芯抜き器で芯を抜く。
いちばん厚みのある部分の皮に
ぐるりと浅い切り込みを入れ、天板にまっすぐ立てる。

● レーズン、キビ糖、バジルをボウルで混ぜて、
洋ナシの穴に均等に詰める。
ハチミツを小さじ1杯ずつナシ全体にたらす。
赤ざらめ少々をふりかけて、オーブンで20分焼き、
焼き目をつけて、やわらかくする。
すこし冷ましたら、生クリームを上からかけるか、
バニラアイスをたっぷりと添えて出す。

＊ p.42参照

**バジルの
かわりに…**
タイム、オレガノ、
ローズマリーでも

左上から時計まわりに：
ラベンダー、セントポーリアとローズマリー、
セージとミントとバジル、ソレル

オータム プディング

分量：**6人分**
調理時間：**10分**

甘いリンゴ…2個（芯をとる） | プラム…400g（タネをとる） |
洋ナシ…2個（芯をとる） | ブラックベリー…400g |
タイム…2枝（飾り用にもとっておく） | 砂糖…200g |
サンドイッチ用食パン（耳なし）…8〜10枚

サマープディングは、
イギリスの代表的な夏のデザート。
ベリーの汁がパンに
たっぷりしみこんでしっとりとした、
夏の風味たっぷりの甘い
プディングは、ぼくの大好物です。
真夏のベリーを
秋のフルーツに置きかえれば、
季節を問わずサマープディングが
楽しめることを最初に教えて
くれたのは、料理研究家の
ルーカス・ホルウェーク氏でした。
ぼくはさらに一歩踏みこんで、
洋ナシとタイムを加え、
ハーブがフルーツの甘さを抑える
本格的なデザートにしました。
このオータムプディングは、
実り豊かな9月の庭を彷彿させ、
夏の終わりを惜しむ気持ちを
やわらげてくれるでしょう。

- リンゴ、プラム、洋ナシをブラックベリーと同じぐらいの大きさに切る。すべてのフルーツ、タイム、砂糖を大きめの鍋に入れて、水75mlを加え、弱火にかける。砂糖が溶け、フルーツがやわらかくなるまで10分ほど煮る。こし器でこしてフルーツと煮汁を分け、別々に冷ます。

- 食パン1枚を作業台にのせて、1リットル入りのプディング型の底をパンに押しつける。底の丸い形がパンにつくので、そのとおり円形に切り、型の底に敷く。食パン1枚だけを残して、残りのパンを型の側面に沿って重ねあわせながら、すき間なく並べる。縁からはみ出したパンは切りとっておく。冷ました煮汁を丁寧にパンにかけ、全体をむらなく赤く染める。煮汁は少し残しておく。

- スプーンで型いっぱいにフルーツを詰める。最後のパン1枚を上におき、取っておいたパンの切れ端ですき間をすべて埋め、残りの煮汁をパンにかける。型の上に皿をのせ、重しを入れた小さいボウルをおき、冷蔵庫で2、3時間またはひと晩、冷やし固める。

- 食べるときは、大きめの皿を型にかぶせて、静かにひっくり返し、型から抜く。切り分けて、器にのせる。生クリームを添え、タイムの小枝を飾って出す。

タイムの
かわりに…
バジル、ミント、
ローズマリーでも

ドリンク

　ハーブガーデンの魅力は、料理の素材を提供するだけでなく、そこにすわって楽しむこと——ハーブや花の香りや色を愛で、ミツバチがブンブン飛びかうさまを眺め、夕暮れどき、ドリンク片手にくつろげることです。

　ハーブや花は、ドリンクづくりにも重宝します。何百年も前からティーとして飲まれてきましたが、われわれの想像よりもはるかに幅広い用途に利用できます。ラムカクテル「モヒート」のミントの秀逸さは、よく語られるところですが、ハーブがすばらしい持ち味を発揮しているカクテルは、そのほかにも数多くあります。

　これから紹介するレシピのなかには、ハーブをひと晩浸けこむものもあれば、どんなに酔ってフラフラでも夜通しつくれるほどシンプルなものもあります。ノンアルコールのカクテルもありますが、好みのスピリットを少々加えてももちろん結構です。

　ハーブや花の香りは、あらゆる料理の味を引き立てますが、ドリンクなら、自由な発想でハーブや花を加えてみましょう。さまざまなフレーバーを試し、ぜひとも自分好みの味を見つけてください。それがドリンクの醍醐味なのです。

ミントの
かわりに…
ローズマリー、バジル、
サマーサボリーでも

ミント
スプリッツ

分量：1人分

ミントの葉…2、3枚 | アペロール…小さじ約2杯 | プロセッコ

イタリア生まれのオレンジと
ハーブのリキュール
「アペロール」は、人気のカクテル
「ネグローニ」に混ぜたり、
プロセッコ（イタリアの発泡性
白ワイン）と炭酸水（ソーダ）で割って
スプリッツにしたりと、
いま巷でブームです。
オレンジ風味のビターな味は、
カンパリほどきつくなく、
フィズの甘さを程よく
中和してくれます。
スプリッツにソーダは
不要だと思うので、
ここではソーダをはぶき、
かわりにミントを入れました。
夏らしいすがすがしいカクテルで、
ピムス（イギリスのフルーツ
フレーバーリキュール）に
匹敵するおいしさ。
これはアブナイ1杯です！

- シャンパングラスか脚つきグラスの底にミントの葉を入れ、
  アペロールを加える。
  プロセッコをグラスいっぱいに注ぎ、すぐに飲む。

- おかわりのたびに新しいミントの葉を入れてもよいが、
  前の葉にもまだ風味が十分に残っているので、
  そのまま使ってもかまわない。

ゼラニウム
サンセット

分量：約1ℓ

スイカ…225g（皮をとり、角切り） | センテッドゼラニウムの葉…3枚 | オレンジジュース…600㎖ | ウォッカまたはテキーラ（好みで）

ペラルゴニウムは、
ぼくがバルコニーでそだてた
最初の植物。
毎夕水をやりながら、
本当にきれいな夕焼けを
よく眺めたものです。
頭上の夕焼け空に映しだされた
わが家のピンク、オレンジ、
赤、黄色の花々をたたえ、
絵画を描くようなつもりで
このドリンクをつくりました。
うれしいことに
アルコールを入れれば、まさに
夕暮れどきにふさわしい1杯に。
このレシピには、食べられる
センテッドゼラニウムの葉を
使ってください。

- スイカのタネを取り、ミキサーでなめらかに撹拌する。目の細かいこし器でスイカの汁をこし、ゼラニウムの葉を加える。木の棒かスプーンで軽くかき混ぜ、ラップをかけて、冷蔵庫で2、3時間、またはひと晩おく。

- ドリンクをつくる直前にゼラニウムの葉を取りだす。ハイボールグラスにスイカの汁を大さじ2杯入れ、その上にオレンジジュースを注ぐ。スプーンの背を伝わせながら静かにオレンジジュースを注ぎいれると、赤、ピンク、オレンジ、黄色のきれいな層状になる。すぐに飲む。好みでウォッカ、またはテキーラ少々を加えてもよい。

センテッド
ゼラニウムの
かわりに…
スミレ、ミント、
バラの花びらでも

エルダーフラワー&
レモンタイムエード

分量：約1ℓ

エルダーフラワーコーディアル…125㎖ ｜ レモンタイム…3枝 ｜ 氷

エルダーフラワーコーディアルを
使うなんて、ごまかしだと
思われるかもしれませんが、
ぼくに言わせれば、
これは時間節約のコツです。
レモンタイムを入れることで
手づくり感のある目新しい味になり、
甘さとのバランスもほどよくとれ、
なかなか味わい深いドリンクになります。
レモンタイムが本当に
華やかな雰囲気を醸しだすので、
コーディアルを使うことを
後ろめたく思わないでください。

- エルダーフラワーコーディアルと
  レモンタイムを小鍋に入れる。
  火にかけて、煮立たせ、2分ほど弱火で煮る。

- 鍋を火から下ろし、
  玉じゃくしでレモンタイムを取りだして冷ます。
  コーディアルを大きなビンかパンチボウルに入れて、
  冷水1ℓと氷を加え、グラスに注ぎ分ける。

**レモンタイムの
かわりに…**
ミント、ラベンダー、
オレガノでも

ラズベリーバジル
クーラー

分量：1人分

ラズベリー…100g（飾り用にも数個とっておく）｜
砂糖…大さじ1｜ライム果汁…½個分｜
バジルの葉…3枚（飾り用にも1枚）｜氷

暑い夏の昼下がり、この1杯で
心地よくクールダウンしては
いかがでしょうか。
ラズベリーコーディアルは、
原液のまま
密閉したビンに入れれば、
冷蔵庫で1週間は保存可能。
ジンジャーエールと
ウォッカで割れば、
おいしいラズベリーミュールが
できます。

- ラズベリー、砂糖、ライム果汁、バジルを小鍋に入れ、弱火で煮る。砂糖が溶けて、ラズベリーが煮崩れ、バジルの香りが立ってきたら、目の細かいこし器にあけ、金属製スプーンの背で果肉を押しながらこして、冷ます。

- このラズベリーコーディアル1に対し冷水3の割合で（コーディアル50mlと水150ml）、コリンズグラスに注ぐ。氷を入れ、ラズベリーとバジルの葉を飾る。

**バジルの
かわりに…**
ミント、ローズマリー、
レモンタイムでも

ディルの
かわりに…
バジル、ミント、
チャービルでも

ディルとキュウリの
ジンカクテル

分量：約1ℓ

ジン…1ℓ
キュウリ…½本（短いスティック状に切る）
ディル…4、5枝
トニックウォーターまたはレモンスカッシュ

ディルとキュウリを浸した
ジンのおいしさは、
言葉では表現しきれませんが、
ディルがすがすがしい
ハーブの香りを、
キュウリが夏らしいさわやかさを
添えてくれます。
1ℓでは多すぎるようなら、
量を減らしてください。
すくなくとも
ディル少々とキュウリのスライス
2、3枚があれば、
ひと味違うジンになります。
でも、きっと1ℓどころか、
2ℓでも3ℓでも足りないでしょう。

- ジン、キュウリ、ディルを大きな容器に入れ、フタをして、冷蔵庫でひと晩おく。

- このジンをトニックウォーターで割ってジントニックをつくったり、レモンスカッシュで割ってロングカクテルにしたりする。
ジンは冷蔵庫で1週間は保存可能。
キュウリとディルは入れたままでもかまわない。

ルバーブ&サボリー
ストーム

分量：1人分
調理時間：10分

ルバーブ…250g（切る） | 砂糖…50g |
サマーサボリー…1枝 | 氷 |
ダークラム…25㎖ | ジンジャービア※

伝統的なラムカクテル
「ダーク・アンド・ストーミー」を
フルーティにアレンジして、
ラムのきつさをやわらげ、
かすかな甘みとほのかな
サボリーの香りが
層をなすドリンクにしました。
ショウガが口の中をさっぱりとさせ、
ラムもその醍醐味を
存分に発揮する、
すばらしい食前酒（アペタイザー）です。

- ルバーブ、砂糖、サマーサボリー、
  水50㎖を鍋に入れ、強火にかける。
  煮立って砂糖が溶けたら、弱火にして、
  ルバーブがやわらかくなるまで10分ほど煮る。

- ビンの上においた金属製のこし器にルバーブをあけ、
  金属製スプーンで押しつぶしながら、よく汁をしぼる。
  ルバーブシロップが150㎖ほどとれるはず。
  もし足りなければ、つぶしたルバーブを鍋に戻して
  水を足し、ふたたび煮立たせて、こし器でこし、
  150㎖のシロップをつくる。
  シロップを入れたビンを冷蔵庫で冷やす。
  つぶしたルバーブは、
  クリーム少々をかけて食べるとおいしい。

- 飲む直前にロックグラスに氷を入れ、
  ダークラム25㎖とルバーブシロップ25㎖を加える。
  ジンジャービア※をグラスいっぱいに注ぎ、すぐに飲む。

※ ジンジャーエールに似ているが、それよりもショウガの味が強いノンアルコール飲料

サマーサボリーの
かわりに…
ローズマリー、タイム、
ウィンターサボリーでも

Index

あ

アプリコット
　アプリコットとタイムのチキンパイ
　　102
　ラベンダーのポーチドアプリコット
　　49
アーティチョーク
　アーティチョークのナスタチウム
　　バターがけ　64
イタリアンパセリ　31
　レモンバームとイタリアンパセリの
　　スパゲッティ　84
イチゴ
　イチゴとルバーブとタイムのスポンジ
　　ケーキ　124
ウィンターサボリー　39
　ウィンターサボリーのウィンター
　　フルーツサラダ　137
エビ
　エビとコリアンダーとバラのカクテル
　　62
エルダーフラワー
　エルダーフラワー&レモンタイム
　　エード　152
　リンゴとエルダーフラワーとタイムの
　　マフィン　46
オオムギ
　オオムギとマスタードフラワーの
　　ビーフスープ　101
オレガノ　30
　オレガノとフェンネルのグラタン　97
　オレガノのイタリアンレアビット　50
　ピーナッツバターとオレガノの
　　クッキー　139
オレンジ
　サマーサボリーのオレンジカード　44
　ハイビスカスとオレンジのカスタード
　　タルト　138

か

カレンデュラ　11
　セロリとスティルトンチーズと
　　カレンデュラのスープ　61
　バターナッツカボチャとカレンデュラ
　　のマカロニチーズ　114
カード
　サマーサボリーのオレンジカード　44
きのこ
　ソレルとバター風味のポルチーニ
　　72

ポロネギとマッシュルームとタラゴン
　の"キッシュ"　99
マッシュルームとタラゴンソースの
　ビーフステーキ　109
マッシュルームとチャービルの
　クリームシチュー　108
キュウリ
　キュウリとボリジのサーモンサラダ
　　63
　ディルとキュウリのジンカクテル
　　155
牛肉
　オオムギとマスタードフラワーの
　　ビーフスープ　101
　マッシュルームとタラゴンソースの
　　ビーフステーキ　109
クッキー
　ピーナッツバターとオレガノの
　　クッキー　139
クランブル
　レモンタイムとジンジャーの
　　クランブル　133
クランベリー
　ブリーチーズとクランベリーと
　　タラゴンのスタッフドポテト　78
グリーンピース
　グリーンピースとパースレインと
　　パンジーのサラダ　82
グレープフルーツ
　ローズマリーのポーチドグレープ
　　フルーツ　42
ケーキ
　イチゴとルバーブとタイムの
　　スポンジケーキ　124
　リンゴとエルダーフラワーとタイムの
　　マフィン　46
　レッドカラントとローズマリーのダブル
　　チョコレートブラウニー　134
ココナッツ
　ココナッツとコリアンダーの
　　イートンメス　125
コリアンダー　14
　エビとコリアンダーとバラのカクテル
　　62
　ココナッツとコリアンダーの
　　イートンメス　125
　サバとコリアンダーのトースト　79
　チキンとコリアンダーのドーブ　98
　トルコ風ゆっくりローストポーク
　　104

さ

サケ
　キュウリとボリジのサーモンサラダ
　　63
　レモンとチャービルのポーチド
　　サーモン　94
サバ
　サバとコリアンダーのトースト　79
サマーサボリー　35
　サマーサボリーのオレンジカード　44
　ルバーブ&サボリーストーム　156
サラダ
　ウィンターサボリーのウィンター
　　フルーツサラダ　137
　キュウリとボリジのサーモンサラダ
　　63
　グリーンピースとパースレインと
　　パンジーのサラダ　82
　ジャスミンドレッシングの
　　スイスチャードサラダ　77
　ニンジンとパンジーのサラダ　116
シチメンチョウ
　ハーブ風味のシチメンショウと
　　パースニップのマッシュパイ　87
シチュー
　マッシュルームとチャービルの
　　クリームシチュー　108
ジャガイモ
　チーズとハムとチャイブの
　　"シェパーズパイ"　93
　ブリーチーズとクランベリーと
　　タラゴンのスタッフドポテト　78
ジャスミン　19
　ジャスミンドレッシングの
　　スイスチャードサラダ　77
ジン
　ディルとキュウリのジンカクテル
　　155
スイスチャード
　ジャスミンドレッシングの
　　スイスチャードサラダ　77
スコーン
　スミレのスコーン
　　ハチミツクリーム添え　140
スズキ
　ハチミツとライラックのトッピング
　　スズキのステーキ　80
スミレ　39
　スミレのスコーン
　　ハチミツクリーム添え　140

スムージー
　ミントのブレックファストスムージー　47
スープ
　オオムギとマスタードフラワーの
　　ビーフスープ　101
　セロリとスティルトンチーズと
　　カレンデュラのスープ　61
セロリ
　セロリとスティルトンチーズと
　　カレンデュラのスープ　61
センテッドゼラニウム　15
　ゼラニウムサンセット　150
セージ　34
　セージのベークドエッグ　52
ソラマメ
　ミントとソラマメの蒸し煮　58
ソレル　35
　ソレルとバター風味のポルチーニ　72
ソーセージ
　ソーセージと白豆のシチュー　111

た

タイム　38
　アプリコットとタイムのチキンパイ　102
　イチゴとルバーブとタイムの
　　スポンジケーキ　124
　オータムプディング　144
　リンゴとエルダーフラワーとタイムの
　　マフィン　46
卵
　グズベリーとミントのメレンゲパイ　120
　セージのベークドエッグ　52
タラゴン　38
　ブリーチーズとクランベリーと
　　タラゴンのスタッフドポテト　78
　ポロネギとマッシュルームとタラゴン
　　の"キッシュ"　99
　マッシュルームとタラゴンソースの
　　ビーフステーキ　109
タルト
　ハイビスカスとオレンジのカスタード
　　タルト　138
チェリー
　バジルとチェリーの蒸しスポンジ
　　プディング　126
チャイブ　14
　チャイブの花のピッツェッタ　66
　チーズとハムとチャイブの
　　"シェパーズパイ"　93

　ベーコンとホウレンソウとチャイブの
　　トルティーヤ　86
チャービル　11
　マッシュルームとチャービルの
　　クリームシチュー　108
　レモンとチャービルのポーチド
　　サーモン　94
チョコレート
　レッドカラントとローズマリーのダブル
　　チョコレートブラウニー　134
チーズ
　オレガノのイタリアンレアビット　50
　セロリとスティルトンチーズと
　　カレンデュラのスープ　61
　チーズとハムとチャイブの
　　"シェパーズパイ"　93
　バターナッツカボチャとカレンデュラ
　　のマカロニチーズ　114
　ブリーチーズとクランベリーと
　　タラゴンのスタッフドポテト　78
　ベーコンとホウレンソウとチャイブの
　　トルティーヤ　86
　ローズマリーと赤ブドウと山羊チーズ
　　のキヌア　75
チーズケーキ
　ハニーサックルとブラックベリーの
　　チーズケーキ　128
ティラミス
　ラズベリーとバラとミントの
　　ティラミス　123
ディップ
　ディルと赤ピーマンのディップ　57
ディル　15
　ディルと赤ピーマンのディップ　57
　ディルとキュウリのジンカクテル　155
鶏肉
　アプリコットとタイムのチキンパイ　102
　チキンとコリアンダーのドーブ　98
　ピーチとバジルの
　　サマーローストチキン　90
トルティーヤ
　ベーコンとホウレンソウとチャイブの
　　トルティーヤ　86
ドレッシング
　ジャスミンドレッシングの
　　スイスチャードサラダ　77

な

ナスタチウム　27
　アーティチョークのナスタチウム
　　バターがけ　64

ニンジン
　チリとローズマリーの
　　ニンジンスティック　68
　マグロのしょうゆステーキとニンジン
　　とパンジーのサラダ　116

は

ハイビスカス　18
　ハイビスカスとオレンジの
　　カスタードタルト　138
ハニーサックル　18
　ハニーサックルとブラックベリーの
　　チーズケーキ　128
ハム
　チーズとハムとチャイブの
　　"シェパーズパイ"　93
ハンバーグ
　ラム肉とミントのハンバーグ　112
バジル　10
　ハチミツとバジルの焼きナシ　142
　バジルとチェリーの蒸しスポンジ
　　プディング　126
　ハーブ風味のシチメンショウと
　　パースニップのマッシュパイ　87
　ピーチとバジルの
　　サマーローストチキン　90
　ラズベリーバジルクーラー　153
バターナッツカボチャ
　バターナッツカボチャとカレンデュラ
　　のマカロニチーズ　114
バラ
　エビとコリアンダーとバラのカクテル　62
　ラズベリーとバラとミントの
　　ティラミス　123
パイ
　アプリコットとタイムのチキンパイ　102
パスタ
　バターナッツカボチャとカレンデュラ
　　のマカロニチーズ　114
　レモンバームとイタリアンパセリの
　　スパゲッティ　84
パンジー　30
　グリーンピースとパースレインと
　　パンジーのサラダ　82
　ニンジンとパンジーのサラダ　116
パースレイン　31
　グリーンピースとパースレインと
　　パンジーのサラダ　82
ピッツェッタ
　チャイブの花のピッツェッタ　66
ピーマン
　ディルと赤ピーマンのディップ　57

フェンネル
　オレガノとフェンネルのグラタン　97
豚肉
　トルコ風ゆっくりローストポーク　104
ブドウ
　ローズマリーと赤ブドウと山羊チーズ
　　のキヌア　75
ブラックベリー
　ハニーサックルとブラックベリーの
　　チーズケーキ　128
ベーコン
　ベーコンとホウレンソウとチャイブの
　　トルティーヤ　86
ホウレンソウ
　ベーコンとホウレンソウとチャイブの
　　トルティーヤ　86
ボリジ　10
　キュウリとボリジのサーモンサラダ
　　63

ま
マグロ
　マグロのしょうゆステーキとニンジンと
　　パンジーのサラダ　116
マジョラム　26
　ソーセージと白豆のシチュー　111
マスタード　27
　オオムギとマスタードフラワーの
　　ビーフスープ　101
マフィン
　リンゴとエルダーフラワーとタイムの
　　マフィン　46

豆
　ソーセージと白豆のシチュー　111
ミント　26
　グズベリーとミントのメレンゲパイ
　　120
　ハーブ風味のシチメンショウと
　　パースニップのマッシュパイ　87
　ミントスプリッツ　149
　ミントとソラマメの蒸し煮　58
　ミントのブレックファストスムージー
　　47
　ラズベリーとバラとミントのティラミス
　　123
　ラム肉とミントのハンバーグ　112
モモ
　ピーチとバジルのサマーロースト
　　チキン　90

や
洋ナシ
　ハチミツとバジルの焼きナシ　142

ら
ライラック　23
　ハチミツとライラックのトッピング
　　スズキのステーキ　80
ラズベリー
　ラズベリーとバラとミントのティラミス
　　123
　ラズベリーバジルクーラー　153
ラビジ　23

ラベンダー　19
　ラベンダーのポーチドアプリコット
　　49
ラム肉
　ラム肉とミントのハンバーグ　112
リンゴ
　リンゴとエルダーフラワーとタイムの
　　マフィン　46
ルバーブ
　イチゴとルバーブとタイムの
　　スポンジケーキ　124
　ルバーブ＆サボリーストーム　156
レッドカラント
　レッドカラントとローズマリーのダブル
　　チョコレートブラウニー　134
レモンタイム　22
　エルダーフラワー＆レモンタイムエード
　　152
　レモンタイムとジンジャーのクランブル
　　133
レモンバーム　22
　レモンバームとイタリアンパセリの
　　スパゲッティ　84
ローズマリー　34
　チリとローズマリーの
　　ニンジンスティック　68
　レッドカラントとローズマリーのダブル
　　チョコレートブラウニー　134
　ローズマリーと赤ブドウと山羊チーズ
　　のキヌア　75
　ローズマリーの
　　ポーチドグレープフルーツ　42

The Herb & Flower Cookbook
フラワー＆ハーブ CookBook

発　　行　2015年1月20日
発 行 者　吉田　初音
発 行 所　株式会社 ガイアブックス
　　　　　〒107-0052 東京都港区赤坂1-1-16 細川ビル
　　　　　TEL.03 (3585) 2214　FAX.03 (3585) 1090
　　　　　http://www.gaiajapan.co.jp

Copyright GAIABOOKS INC. JAPAN2015
ISBN978-4-88282-935-5 C2077

落丁本・乱丁本はお取り替えいたします。
本書を許可なく複製することは、かたくお断わりします。
Printed in China

著　者　**ピップ・マコーマック** (Pip McCormac)
イギリスの人気女性ファッション誌『Red Magazine』のライフスタイル・ディレクターとして、フード＆インテリア関係の記事全般を担当。週刊ファッション誌『Sunday Times Style』でフード＆インテリアエディターを務めたこともあり、レシピ本の書評ブログ"Pip Cooks The Books."でも人気を博す。イギリス・ロンドン在住。

翻訳者　**宮田　攝子**（みやた せつこ）
上智大学外国語学部ドイツ語学科卒業。訳書に『PAUL GAYLER'S ソースブック』『ほんとの本物の発酵食品』（いずれもガイアブックス）など多数。翻訳雑誌の記事執筆も手掛ける。